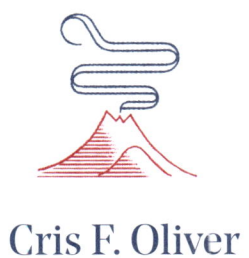

Cris F. Oliver

Atlas *literarischer* Orte

Von Wunderland bis Mittelerde

Aus dem Spanischen von Janika Krichtel

Illustrationen von Julio Fuentes

KNESEBECK

Titel der Originalausgabe: *Atlas de los lugares literarios*
Erschienen bei Penguin Random House Grupo Editorial S.A.U., Barcelona
Copyright © 2018 Penguin Random House Grupo Editorial, Barcelona, Spanien
Illustrationen Copyright © 2018 Julio Fuentes

Deutsche Erstausgabe
Copyright © 2019 von dem Knesebeck GmbH & Co. Verlag KG, München
Ein Unternehmen der La Martinière Groupe

Projektleitung: Marc Schmid, Knesebeck Verlag
Lektorat: Haus der Sprache, Momo Evers
Umschlaggestaltung: Leonore Höfer, Knesebeck Verlag
Satz und Herstellung: Arnold & Domnick, Leipzig
Druck: PNB Print Ltd
Printed in Latvia

ISBN 978-3-95728-256-9

Alle Rechte vorbehalten, auch auszugsweise.

www.knesebeck-verlag.de

Dank

Zunächst möchte ich Julio Fuentes meinen tiefen Dank für seine wundervollen Illustrationen aussprechen. Habt ihr sie gesehen?! Seit *ich* sie das erste Mal gesehen habe, bin ich total begeistert (für die Neugierigen unter euch: Es waren die von *Alice im Wunderland*). Danke auch an meine Lektorinnen Rosa und Aina – für ihre unerschöpfliche Geduld mit mir, obwohl ich ständig zu spät dran war, und für ihre stets treffenden Anmerkungen. Ich möchte meiner Familie, meinen Freunden und meinen Katzen danken, die mich beim Schreiben dieses Buches ertragen haben, allen voran meiner Mutter, Maria und Marta. Ich danke all den bösen Hexen, Pippi Langstrumpf, Annabeth Chase, der Grinsekatze, Cinder, Alice Cullen, Elinor Dashwood, Staubfinger, Katniss Everdeen, Fuchur, Ged, Gollum, Dick Grayson, dem Eiderentenjäger Hans, Hermine, Sherlock Holmes, dem Magier Howl, Julia, Kirtash, allen Liliputanern, Morgana, Nana, den Umpa-Lumpas, Pantalaimon, Ralph, Park Sheridan, Margo Spiegelman, Sansa Stark, dem Faun Tumnus und dem Fuchs. Und vor allem danke ich dir, der du dieses Buch in Händen hältst. Ich hoffe, du wirst dein ganzes Leben lang durch diese fantastischen Welten reisen wollen, die sich Bücher nennen.

Für Quima und Sílvia, Experten im Immerwiederlesen von Harry Potter,
wenn es mal nicht so gut läuft

Cris F. Oliver

Für meine Familie und Freunde,
für ihre Geduld und ihre Liebe,
für Manolo und sein Feingefühl
und für Dani
und ihre magische und immerwährende Liebe

Julio Fuentes

Inhaltsverzeichnis

Einleitung 7

FERN

London, 1984 8
Mittelpunkt der Erde 12
Oz 16
Nimmerland 20
Wonkas Schokoladenfabrik 24
Wunderland 28
Der Norden 32
Idhún 36
Liliput und Blefuscu 40
Erdsee 44
Camelot 48
Asteroid B 612 52
Ingari 56
Capricorns Dorf 60
Die bekannte Welt 64
Neu-Peking 68
Vom Auenland bis zum Einsamen Berg 72
Panem 76
Phantásien 80
Hogwarts 84
Narnia 88

NAH

Das London von Sherlock	92
Gotham City	96
Villa Kunterbunt	100
Einsame Insel irgendwo im Pazifik	104
Forks	108
Jefferson Park (Orlando, Florida)	112
Camp Half-Blood und Unterwelt	116
Omaha, Nebraska, 1986	120
Sussex, Devonshire und London	124

Einleitung

Willkommen in diesem Atlas fantastischer Welten, der zugleich als Reiseführer dient. Ob sich in die Vergangenheit begeben, in Paralleluniversen reisen, die Weiten des Weltalls erforschen, Dystopien überleben oder Märchen auf dem Rücken der außergewöhnlichsten Kreaturen durchqueren – dies ist die perfekte Vorbereitung für ein unvergessliches Abenteuer.
Schon auf der nächsten Seite geht es los!*

* Für eventuelle Zwischenfälle auf der Reise übernimmt der Verlag keine Verantwortung.

London, 1984

1984 von George Orwell (1949)

⚠ ⚠ ⚠

Oh, 1984, schreckliches Jahr! 366 Tage Dunkelheit, Manipulation, Hypervigilanz und politische Verfolgung.* Nur wenige träumen davon, dieses dystopische London zu besuchen, und es ist selbst unter denen, die sich auf eine Selbstmordmission begeben wollen, ein unbeliebtes Reiseziel. Dennoch fanden sich bereits Hunderte entsetzter Touristen unverhofft auf Landefeld 1 wieder – in der am drittstärksten bevölkerten Provinz Ozeaniens, in der sich das apokalyptische London befindet. Dieser Superstaat überstand einen absurden – möglicherweise fiktiven – Krieg mit Ostasien (dessen Ideologie man unter dem Namen »Todesverehrung«/ »Verschwinden des Ich« kennt) und Eurasien (wo der Neo-Bolschewismus herrscht).

Das Ozeanien regierende und überwachende Staatsoberhaupt ist der unantastbare Große Bruder. Sein ausführendes Organ ist die Partei, auch Engsoz genannt, deren heilige Prinzipien das Neusprech (die Amtssprache), das Doppeldenk und die Veränderbarkeit der Vergangenheit sind. Die Hyperkontrolle dieses niederträchtigen diktatorischen Regimes – vermutlich das schlimmste in der Parallelgeschichte – macht selbst das Denken wider das System zu einem Gedankenverbrechen, das durch die Gedankenpolizei verfolgt wird.

* Es ist möglich, dass diese Phase sogar noch länger anhielt, doch die Experten moderner Dystopien verfügen nicht über eine ausreichende Menge an Daten.

Arbeiten in London

Nach einer eisigen Begrüßung durch Mitglieder der oligarchischen Inneren Partei, dem »Gehirn des Staates«, zwingt man die Reisenden, in der Äußeren Partei – dem »ausführenden Organ des Regimes« – sechzig bis neunzig Stunden die Woche zu arbeiten.

Dein Abenteuer als Büromitarbeiter beginnt um sieben Uhr fünfzehn in den Victory-Blocks – Wohnungen aus den 1930er-Jahren mit undichten Dächern, geplatzten Rohren und halb eingefallenen Gipsdecken.

Wer keinen Verdacht erregen will, trägt die vorgeschriebene blaue Uniform und begibt sich in das etwa einen Kilometer entfernte Ministerium für Wahrheit. Das *Miniwahr*, ein Bauwerk in Form einer Pyramide aus strahlendem Zement, ist dreihundert Meter hoch und verfügt über mehr als dreitausend Räume (die meisten unter der Erde). Dieses gigantische Bürogebäude unterscheidet sich von den drei Londoner Bauwerken gleichen Ausmaßes – dem Ministerium für Frieden, dem für Liebe und dem für Überfluss – dadurch, dass in seine weiße Fassade die drei Parolen der Partei eingraviert sind: »Krieg ist Frieden«, »Freiheit ist Sklaverei« und »Unwissenheit ist Stärke«.

⚠ ⚠ ⚠

Auch wenn du dich bemühst, die Vergangenheit sorgfältig umzuschreiben, endet deine Reise in Zimmer 101 des schrecklichen *Minilieb*, einer ungeheuerlichen Konstruktion ohne Fenster. Fluchtversuche sind hier zum Scheitern verurteilt – wer einen Ausgang aus diesem Labyrinth findet, den erwarten dort Stacheldraht, Stahltüren, verborgene Maschinengewehrnester und bewaffnete Wachen.

Freizeit und Veranstaltungen

Das London von 1984 besteht aus von Bomben zerstörten Plätzen und Häusern, deren Fenster mit Pappkartons verhängt und deren Decken mit Zinkplatten ausgebessert wurden. Böen pulverisierten Zements fegen wie Wirbelstürme aus Staub durch die Stadt, hindern dich jedoch nicht daran, an öffentlichen Kundgebungen teilzunehmen, Flugblätter zu verteilen und Transparente vorzubereiten. Erfreue dich an der dekadenten Hymne »Ozeanien, mein Land, für Dich mit Herz und Hand« und bewundere die dem Großen Bruder gewidmeten Wahrzeichen – etwa die imposante Statue, die auf einer riesigen Säule über dem Victory-Square thront, oder die bunten, allgegenwärtigen Plakate, auf denen das Gesicht des Führers zu sehen ist; eines Mannes mittleren Alters mit mächtigem Schnurrbart und wunderschönen Gesichtszügen. Unter keinen Umständen darfst du dir ein Buch besorgen – schon gar nicht das des Staatsfeindes Emmanuel Goldstein! –, denn sowohl das Lesen als auch das Schreiben sind strikt verboten. (Erlaubt ist nur die Nutzung des Sprechschreibers während der Arbeitszeit.) Immerhin bleiben dir noch die Kinos – auch wenn alles, was sie zeigen, Kriegsfilme sind. Wenn die Verzweiflung dich zu einem guten Schluck drängt, hast du Glück! Es gibt nichts Günstigeres als den Victory-Gin, und davon reichlich!

Du hast noch nicht genug von diesem synthetischen Gesöff und den Victory-Zigaretten? Dann besuche doch noch einen der Proles-Pubs – auch wenn du damit riskierst, vaporisiert zu werden.

Welche Gebiete umfassen die drei Supermächte?

Ozeanien	Nord- und Südamerika, die britannischen Inseln, Australasien und das südliche Afrika.
Südasien	China und die Länder, die sich südlich davon befinden, Japan und einen fluktuierenden Teil von Tibet, der Mandschurei und der Mongolei.
Eurasien	Den nördlichen Teil der europäischen und asiatischen Landmasse, von Portugal bis zur Beringstraße.

Womit beschäftigen sich die vier Ministerien, die Ozeanien regieren?

Ministerium für Wahrheit oder *Miniwahr*	Umschreiben der Vergangenheit (vor allem durch die Kontrolle der Nachrichten), Unterhaltung, Erziehung und den schönen Künsten.
Ministerium für Frieden oder *Minipax*	Mit Kriegsangelegenheiten.
Ministerium für Liebe oder *Minilieb*	Mit dem Schutz des Gesetzes und der Ordnung und der Umerziehung der Parteimitglieder mittels Folter und Bestrafung.
Ministerium für Überfluss oder *Minifluss*	Damit, die Bevölkerung am Rande des Existenzminimums zu halten mittels der Rationierung von Strom, Nahrung und Kleidung.

Mittelpunkt der Erde

Die Reise zum Mittelpunkt der Erde von Jules Verne (1864)

Bist du ein geborener Abenteurer, der sich unter anderem für Mineralogie interessiert? Dann mach dich bereit für die Expedition … zum Mittelpunkt des Planeten Erde! Der erste Entdecker, der diese tollkühne Reise meisterte, war Arne Saknussemm, ein gefeierter Alchemist des 16. Jahrhunderts. Obwohl seine Werke im Jahr 1573 – als man ihn der Ketzerei bezichtigte – verbrannt wurden, konnten seine Aufzeichnungen über den Erdkern in einem Runen-Manuskript aus dem 12. Jahrhundert bewahrt werden. Erst dreihundert Jahre später entdeckte der Hamburger Professor Otto Lidenbrock die Schriften wieder. Gemeinsam mit seinem Neffen und dem Eiderentenjäger Hans machte er sich erneut auf die Reise zum Mittelpunkt der Erde, dessen Eingang sich innerhalb des Schichtvulkans Snäfields befindet, der fünftausend Fuß hoch und seit 1219 erloschen ist.

Wo die Entdecker des 19. Jahrhunderts Wochen benötigten, um die Strecke zwischen Hamburg und Reykjavík – über Land und über Meer – zurückzulegen, nehmen Abenteurer heutzutage das Flugzeug in die isländische Hauptstadt. Auch wenn die Durchführung dieser Exkursion nach der Veröffentlichung der Reisenotizen im Jahr 1864 sehr an Beliebtheit gewonnen hat, ist sie nach wie vor derart gefährlich, dass bislang nicht einmal der tapferste Mensch diese Heldentat nachahmen konnte.

Anreise zum Mittelpunkt des Planeten Erde

In Reykjavík angekommen, solltest du zunächst einen lokalen Touristenführer engagieren, der dir dabei hilft, dich in diesem eiskalten Land zurechtzufinden. Ein Marsch von etwa sieben oder acht Tagen durch Fjorde und andere Feuchtgebiete bringt dich zum Dorf Stapi am Fuße des Vulkans, im Anschluss auf den Gipfel des Snäfield und dann in großen Ellipsen hinab in den Krater, wo sich drei Kamine auftun. Nimm den mittleren Schacht, bis du dich etwa auf Höhe des Meeresspiegels befindest, und dringe von dort aus bis zu einer dunklen, mit Tropfsteinen geschmückten Galerie vor, wo Lavaverästelungen und Quarzkristalle wie Lüster von der Decke hängen. Irgendwann gelangst du an einen Kreuzweg. Folge nicht dem östlichen Tunnel! Dort wirst du nicht das benötigte Wasser finden, um deine Reise fortsetzen zu können.

Weiter geht es durch den westlichen Tunnel, bis du das Rauschen eines Baches durch den Granit hören kannst. Durchbreche die Felswand, um das unterirdische Gewässer freizulegen, das zu Ehren des unerschütterlichen Führers der Lidenbrock-Expedition den Namen Hansbach trägt. Folge dem Bachlauf durch einen abschüssigen Schacht, bis du dich unterhalb des atlantischen Meeres wiederfindest. Sobald du in eine weiträumige Grotte gelangst, hast du dein erstes Ziel erreicht: das Meer Lidenbrock.

Sehenswürdigkeiten in der Umgebung

Lass dich nicht von den enormen Ausmaßen des Gewässers einschüchtern, sondern erkunde dieses schwermütige Universum, das anstelle eines Himmels von einem wolkenverhangenen Granitgewölbe umgeben ist. Spitze, von einer Art Nordlicht beleuchtete Felsen verlaufen entlang der steilen Küste, an der sich gewaltige Wellen brechen, die Tausende winziger Gebeine anschwemmen. Nach etwa 500 Schritten stößt du auf einen dichten Wald, dessen gigantische Lycopodien, Sigillarien, Farnkräuter und Lepidondreen trotz des starken Windes regungslos sind, und gelangst danach in einen bizarren Wald aus – dreißig bis vierzig Fuß hohen! – weißen Champignons. Baue ein Floß und begebe dich vom Gretchen-Hafen aus aufs offene Meer hinaus. Dort kannst du drei- bis viertausend Fuß lange Algen und winzige Störe beobachten. Und wer weiß: Vielleicht wirst du sogar Zeuge des entsetzlichsten Kampfes aller Zeiten – zwischen einem Ichthyosaurus (mit der Schnauze eines Schweinswals, dem Kopf einer Eidechse und den Zähnen eines Krokodils) und seinem furchtbaren Feind, dem Plesiosaurus (einer gigantischen, unter dem Panzer einer Schildkröte verborgenen Schlange). Bei der Ankunft am anderen Ufer, jenseits des Eilands Axel, trennen dich noch eine Meile Fußmarsch von jener ungeheuren Totenstätte, die die ganze Geschichte des Lebens der Tiere an einem Ort angehäuft hat. Doch nicht nur vorsintflutliche Monster bedecken diese Ebene, sondern auch menschliche Skelette. Nach einer weiteren halben Stunde Fußmarsch erreichst du einen immensen Wald riesenhafter, ausgestorbener Pflanzenarten, den eine Herde lebendiger Mastodonten und ein zwölf Fuß großes, menschliches Wesen mit einer einem Urzeitelefanten ähnelnden Mähne bewohnen! Du hast es tatsächlich geschafft, diesem entsetzlichen Wesen zu entkommen? Dann nimm Kurs auf Kap Saknussemm, denn zwischen dessen Felsen verborgen befindet sich der Tunnel, der dich zurück an die Oberfläche führen wird.

Doch gib Acht! Nur wer sich bei einem Ausbruch des Vulkans Stromboli mit der glühenden Lava durch dessen Schlund hinausschleudern lässt, erreicht die Erdoberfläche. (Wir empfehlen nach dieser überraschenden Landung auf italienischem Boden noch etwas Sightseeing.)

Das solltest du vor der Abreise einpacken

- Ein hundertteiliges Thermometer von Eigel, mit einer Skala von 150 Grad.
- Ein Manometer für den Luftdruck.
- Ein Chronometer vom jüngeren Boissonnas zu Genf.
- Zwei Kompasse für senkrechte und waagerechte Verwendung.
- Ein Nachtfernrohr.
- Zwei Rühmkorff'sche Apparate.
- Getrocknetes Fleisch und Zwieback für sechs Monate.
- Wacholderbranntwein und Kürbisflaschen.

Oz

Der Zauberer von Oz von L. F. Baum (1900)

Willkommen im Land der gelben Ziegelsteine! Oz ist eine rechteckige Welt in einem abgeschiedenen Teil des Universums und in vier dreieckige, von einer todbringenden Wüste umgebene Länder unterteilt: Im Osten liegt das Land der Munchkins, im Westen das der Winkies, im Norden das der Gillikins, und im Süden leben die Quadlinge. Im Zentrum von Oz – exakt dort, wo sich die Diagonalen der verschiedenen Länder kreuzen – liegt die legendäre Smaragdstadt, die bereits von so unterschiedlichen Monarchen wie einem Schwindler von kleiner Statur, einer weisen Vogelscheuche und einer verschollenen Prinzessin regiert wurde.

Heute ist Oz *ein* Reich, ursprünglich wurden die vier Königreiche jedoch stellvertretend von je einer Hexe regiert: die zwei guten im Norden und Süden und die zwei bösen im Osten und Westen. Heute widmet sich die halbe Million glücklicher Untertanen – die die Jahrzehnte der Versklavung durch Hexen, Wölfe, Krähen, Bienen und geflügelte Affen vergessen zu haben scheinen – erfolgreich der Landwirtschaft. Und so viel Glück kommt nicht von ungefähr! Seit den dunklen Zeiten kennt man in Oz keine Krankheiten mehr. Und so stirbt man hierzulande nicht mehr eines natürlichen Todes, sondern nur noch durch schreckliche Unfälle. Hier lebt ein sehr friedliebendes Volk: Die Hauptstadt verfügt zwar über eine eigene Armee, die allerdings aus genau einem alten Torwächter und einem einzigen Soldaten besteht.

Anreise zur Smaragdstadt

Obwohl sich Oz in einem unbestimmten Teil unserer Galaxie befindet, ist ganz sicher, dass du dich, um in dieses Königreich zu reisen, zur Hurrikansaison in die weitläufige Prärie von Kansas begeben, es dir in einem Holzhaus gemütlich machen und darauf warten musst, dass sich ein Wirbelsturm bildet. Erschrick nicht, wenn sich das Haus wie ein Ballon in die Lüfte erhebt: Du wirst sicher und ohne einen Kratzer im Land der Munchkins landen. Sei vorsichtig beim Landeanflug – nicht, dass du aus Versehen einen seiner Einwohner zerquetschst. Einmal auf festem Boden angekommen, solltest du dich ihnen vorstellen. Hab keine Angst, denn sie sind viel kleiner als du, sehr gastfreundlich und sprechen Englisch. Halte dich ruhig ein paar Tage auf in diesem Land, in dem fast alles in Blau gehalten ist. Doch da die Häuser klein und seltsam anzusehen sind – rund und mit einem Kuppeldach versehen –, ziehst du es vielleicht vor, weiter in die legendäre und komfortablere Smaragdstadt zu reisen. Und die kann sich sehen lassen! Du musst nur dem Weg der gelben Ziegelsteine folgen. Bald schon wirst du dich in einem Wald wiederfinden, dessen Bäume so hoch sind und so eng beieinanderstehen, dass du eine Axt benötigen wirst, um weiterzukommen. Auch wenn dieser Teil deines Weges ziemlich düster und ein wenig angsteinflößend ist (nutze dein Beil, um dich vor wilden Tieren zu schützen), kannst du dich zur Ablenkung ein wenig mit Störchen und Mäusen unterhalten. Hast du es endlich aus dem Wald herausgeschafft, stehst du vor einer großen Blumenwiese. Nimm dich vor den roten Mohnblumen in Acht, wenn du nicht bis in alle Ewigkeit schlafen willst!

Nun erreichst du die große, strahlend grüne Mauer, die die Smaragdstadt umgibt. Um eintreten zu können, musst du nur die Klingel betätigen. An dem prächtigen, über und über mit Smaragden besetzten Tor wird ein kleiner Mann den Zutritt zur Hauptstadt allen gewähren, die zustimmen, eine Brille mit smaragdgrün eingefärbten Gläsern zu tragen. Ob die Stadt tatsächlich grün ist oder nur durch die farbigen Gläser grün erscheint, konnte selbst in unzähligen Tagungen zum Thema bislang nicht eindeutig geklärt werden. Einig sind sich hingegen alle Reisenden, dass diese Metropole mit ihren marmornen Häusern und Straßen die strahlendste in der gesamten fantastischen Geschichte ist.

Da du dich auf dem Weg in die Smaragdstadt vermutlich nur von Früchten und Nüssen ernährt hast, solltest du dir nun erst einmal ein Festessen gönnen. Und vergiss nicht, dir ein luxuriöses Kleid aus Seide, Satin und (grünem) Samt zu kaufen. Solltest du um eine Audienz beim Herrscher bitte wollen, kannst du für ein paar Tage im königlichen Palast mit seinen Parfumbrunnen und marmornen Thronen übernachten.

Vor der Abreise solltest du dir unbedingt noch den großen Thronsaal ansehen, dessen Boden, Wände und Decke über und über mit großen Smaragden bedeckt sind.

Ausflug in die Umgebung

Große Städte überfordern dich und du bist eher für einen Ausflug aufs Land zu haben? Dann solltest du das gelbe Land der Winkies besuchen, die Experten in Sachen Handwerkskunst sind, oder das purpurne Land der Gillikens, aus dem die geflügelten Affen stammen. Wenn du lieber das rote Land der Quadlings besuchen möchtest, musst du allerdings gegen die kriegerischen Bäume kämpfen, die den Wald bewachen. Und achte darauf, dass du im zerbrechlichen Porzellanland nichts kaputt machst!

Besichtige jeden Winkel der wundervollen Welt von Oz, doch meide unter allen Umständen die unpassierbare Wüste: Wer auch nur einen Fuß hineinsetzt, verwandelt sich innerhalb weniger Sekunden zu Sand.

Schon gewusst?

◆ Die Reihe über das Königreich von Oz besteht aus vierzehn Büchern von L. F. Baum und etwa fünfzig weiteren von Autoren wie Ruth Plumly Thompson, John R. Neill, Jack Snow und Sherwood Smith. Inklusive der Nebentitel kommt man auf mehr als hundertfünfzig Titel.

◆ Baum wählte den Namen Oz aufgrund der Aufschrift »O–Z«, die auf einer seiner Aktenschrankschubladen auf die alphabetische Ordnung verwies.

◆ Oz ist für Amerikaner das, was für Engländer Hogwarts oder Narnia ist.

◆ Dorothys rote Schuhe aus der Filmadaption von 1930 sind im Buch silbern. Eines der roten Paare aus dem Film wurde 2005 gestohlen und erst 2018 durch das FBI wiedergefunden.

Nimmerland

Peter Pan von J. M. Barrie (1911)

Du bist noch nicht volljährig und möchtest deine Ferien ohne Regeln und frei von Verantwortung inmitten von Feen, Piraten, Meerjungfrauen (auch Nixen genannt), Indianern und Verlorenen Jungen verbringen? Dann ist es an der Zeit, Nimmerland zu besuchen! Diese exotische Insel befindet sich an einem unbestimmten Ort des Universums inmitten eines tiefen Meeres; an ihren Stränden wimmelt es nur so von Flamingos und Krokodilen, und in ihren Urwäldern hausen wilde Tiere. Obwohl Walter Elias Disney im Jahr 1953 behauptete, dieses fantastische Land befände sich in den Tiefen des Weltraums, konnte dies bislang nicht von Anthropologen – die als Erwachsene keinen Zutritt zu Nimmerland haben – verifiziert werden. Nur den Jüngsten offenbart sich der Weg in dieses sonderbare Reich, und Erwachsene können dieses Gesetz nur umgehen, wenn sie nachweislich amerikanische Ureinwohner oder bereit sind, sich den Piraten anzuschließen. Das Erscheinungsbild Nimmerlands ist untrennbar mit der Fantasie desjenigen Menschen verbunden, der das Land bereist, und so weiß niemand, wie es dort tatsächlich aussieht. Einigkeit herrscht lediglich darin, dass es dort einen Dschungel gibt, in dem es manchmal schneit, eine Lagune, die von Meerjungfrauen bewohnt wird, ein Lager von Rothäuten, einen Geheimnisvollen Fluss und einen Totenkopffelsen, auf dem grausame Kapitäne ihre Matrosen aussetzen und zum Ertrinken zurücklassen.

Die Bewohner von Nimmerland

Obschon es in Nimmerland weder Regeln noch Grenzen gibt, ist es dennoch kein rein anarchistisches Land, da der unreife Peter Pan der Anführer der Verlorenen Jungen ist. Diese fielen als Säuglinge aus ihren Kinderwagen, als ihre Kindermädchen gerade nicht aufpassten. Und da sie nicht binnen sieben Tagen von einem Angehörigen zurückgefordert wurden, leben diese in Bärenfell gekleideten Jungen* nun mit den unberechenbaren Feen zusammen, deren geringe Größe (keine ist größer als eine Hand!) sie daran hindert, mehr als ein Gefühl gleichzeitig zu empfinden.

Weitere Bewohner der Insel sind Käpt'n Hook mit seinen sadistischen Piraten sowie Häuptling Great Big Little Panther mit seiner hochmütigen Tochter Prinzessin Tiger Lily und ihr Stamm der Piccaninny.

Anreise nach Nimmerland

Du warst nie ein Verlorener Junge, möchtest aber Nimmerland kennenlernen? Dann solltest du vor dem Schlafengehen laut Geschichten erzählen. Falls die Märchen spannend und gut vorgetragen sind, kommen Peter Pan und eine bekannte Fee zu dir. Peters magischer Feenstaub lässt dich fliegen, doch Kompass und Karten werden dir nichts nützen. Folge lieber den Anweisungen der Reiseführer (»Zweiter Stern rechts, und dann immer geradeaus bis zum Morgengrauen«) und stärke dich gut, denn du wirst dich um einige Monde verspäten.

Nimmerlands magische Küste ohne Erlaubnis zu finden, ist unmöglich, und so wird die Insel selbst dich leiten: Millionen goldener Pfeile, Sonnenstrahlen gleich, weisen am Ziel deiner Reise auf die Insel, damit du dich nicht verirrst.

---

* Dass es keine Mädchen auf der Insel gibt, liegt nicht daran, dass die Insel Jungen bevorzugen würde, sondern daran, dass Mädchen zu schlau sind, um in unbeaufsichtigten Momenten aus dem Kinderwagen zu fallen, was ihre Möglichkeiten, auf die Insel zu reisen, stark einschränkt.

Sehenswürdigkeiten in Nimmerland

Du hast das Glück, dass die Verlorenen Jungen dich in ihr unterirdisches Versteck einladen? Dann musst du sie deine Maße nehmen lassen, damit sie den hohlen Baum finden, der dich in die Höhle führt, in der auch Tinker Bell (von anderen Glöckchen oder Naseweis genannt) lebt. Bevor du beginnst, Nimmerland zu erkunden, solltest du dich stärken – mit gerösteten Brotfrüchten, Süßkartoffeln, Kokosnüssen, gebackenem Schwein, Mammiäpfeln und Saft aus Kalebassen.

Meide die Kidds-Bucht an der Mündung des Piratenflusses. Und wenn du doch einmal James Hook an Deck der *Jolly Roger* gegenüberstehst: Ruf Peter Pan zu Hilfe!

Auch den Rothäuten solltest du besser aus dem Weg gehen – es sei denn, du möchtest mit ihnen ein Bündnis eingehen, um gegen die Freibeuter zu kämpfen.

Wenn du die Lagune der Meerjungfrauen besuchst: Erwarte von ihnen keine herzliche Begrüßung. An guten Tagen ignorieren sie dich, an schlechten bespritzen sie dich mit ihren Fischschwänzen. Entspann dich lieber auf dem Totenkopffelsen, an dem die Meerjungfrauen sich am liebsten ihre Haare kämmen. Doch verlasse die Lagune noch vor der Dämmerung! Bei Nacht ist dies ein gefährlicher Ort für Menschen.

Die reale Welt kannst du bequem per Schiff erreichen, musst dabei allerdings Zwischenaufenthalte auf den Azoren und in London in Kauf nehmen. Das dauert dir zu lange? Dann bitte Peter Pan und Tinker Bell, mit dir nach Hause zu fliegen.

Tinker Bells Privatgemach

▶ Suche die Nische in der Wand, in der Tinker Bell lebt, und bewundere ihr reizendes Zimmer – ausgestattet mit eleganten Vorhängen, einem Original-Diwan im Königin-Mab-Stil, einem Spiegel der Marke »Gestiefelter Kater«, einer Kommode »Traumprinz-der-Sechste«, einem Kronleuchter von Tiddlywinks und Teppichen aus der besten (und ersten) Epoche von Margery und Robin.

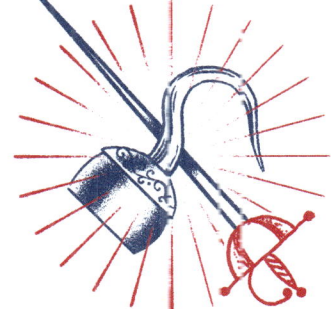

Wonkas Schokoladenfabrik

Charlie und die Schokoladenfabrik von Roald Dahl (1964)

Du magst Süßes lieber als Salziges? Dann ist heute dein Glückstag! Wonkas Schokoladenfabrik öffnet ihre Tore für Besucher, doch nur einige wenige erhalten Zutritt. Also: Beeil dich und schau nach! Findest du eine vergoldete Eintrittskarte in einer deiner Wonka-Schokoladentafeln? Gut, denn auf dieser steht alles, was du wissen musst.

Die Schokoladenfabrik liegt in einer unbekannten Industriestadt – vermutlich irgendwo in England – und gehört dem exzentrischen Willy Wonka. Der größte Hersteller von Schokolade, der je gelebt hat, erfand verschiedenste Süßigkeiten und über zweihundert Sorten gefüllter und nie zuvor hergestellter Schokoladenriegel (außerdem baute er für den indischen Prinzen Pondicherry einen Palast mit über hundert Zimmern aus Schokolade, der aber mittlerweile geschmolzen ist).

Seit einem Spionageskandal hat die Fabrik seine einst menschlichen Arbeiter durch dreitausend sogenannte Umpa-Lumpas ersetzt. Die Herkunft dieser kleinen Wesen ist nebulös: Einige Spezialisten behaupten, es handele sich um einen Pygmäenstamm aus dem afrikanischen Dschungel; andere verorten ihren Ursprung in Lumpaland, einem mythischen Ort, an dem die gefährlichsten Tiere der Welt leben sollen. Keiner der Umpa-Lumpas verlässt jemals die Fabrik. Nur die Süßigkeiten werden täglich mit mehreren Lastwagen von der Post abgeholt, damit jedes Geschäft auf dem gesamten Planeten jederzeit versorgt ist.

Führung durch Wonkas Schokoladenfabrik

Du bist einer der Auserwählten, der die kilometerlange, größtenteils unterirdische Fabrikanlage erkunden darf? Dann leiste unbedingt den Anweisungen des Eigentümers Folge und probiere nur die Süßwaren, die für den Verzehr durch Menschen geeignet sind. Genieße beim Betreten der Fabrik den Duft nach geröstetem Kaffee – und nach gebräuntem Zucker, geschmolzener Schokolade, Pfefferminz, Veilchen, gemahlenen Haselnüssen, Apfelblüten und Zitronenschalen –, aber trödle nicht, wenn du wirklich jeden verborgenen Winkel erkunden möchtest.

Im unterirdischen Tal der Fabrik fließt ein Fluss aus Schokolade, die dank eines Wasserfalls leicht und schaumig ist. Koste unbedingt einen Grashalm aus Pfefferminz-Zucker und eine der Butterblumen!

Fortsetzten solltest du deine Reise auf Willy Wonkas Privatyacht, die aus einem einzigen, riesigen, ausgehöhlten rosa Bonbon besteht. Mach dich auf den Weg zum Erfindungsraum; doch fass dort bloß nichts an! Schon eine leichte Berührung des Haar-Toffees reicht aus, um dich in ein bärtiges Wesen zu verwandeln, und das magische Kaugummi färbt deine Haut für immer blau. Genieße lieber die köstlichen Düfte, die aus den schwarzen, von unten befeuerten Eisentöpfen steigen, oder bewundere die eigenartigen Maschinen und Röhren, die unter der Decke und an allen Wänden entlanglaufen. Betrete anschließend einen der vielen Räume, die von dem labyrinthartigen Flur abgehen – aber störe auf keinen Fall die Eichhörnchen im Nussraum, wenn du nicht im Müllschlucker enden möchtest.

Die restlichen Bereiche der Fabrik erkundest du mithilfe des großen, gläsernen Fahrstuhls. Mach dich auf etwas gefasst – er fährt mit Höchstgeschwindigkeit vorwärts, rückwärts, seitwärts und schrägwärts. Tausende Knöpfe – so viele, wie es Räume zu entdecken gibt! – bedecken die Decke und alle vier Wände. Beginne am besten mit dem in 3000 Metern Tiefe gelegenen Kandiszucker-Bergwerk und besuche danach die Schlittschuhbahn aus Kokosnuss-Eis, das Limonaden-Schwimmbecken oder das Tal der Schokoladenmilch gebenden Kühe.

Du stehst auf Nervenkitzel? Dann drück auf den Knopf mit der Aufschrift »Hinauf und hinaus«! Aber mach in jedem Fall einen großen Bogen um den Fernseh-Schokoladen-Raum, denn noch stehst du unter Beobachtung. Ach! Und denk an die Umpa-Lumpas: Wenn du vor deiner Abreise ihr Dorf besuchst, widmen sie dir vielleicht ein Lied.

Köstlichkeiten, die du nicht versäumen darfst

Natürlich möchtest du jede einzelne der abertausend verschiedenen Süßigkeiten probieren – aber wenn du dich nicht etwas zurückhältst, wirst du an Überzuckerung sterben. Also verzichte am besten auf langweilige Geschmacksrichtungen und Dinge, die es in jedem beliebigen Süßwarengeschäft zu kaufen gibt. Widme dich lieber folgenden Köstlichkeiten:

◎ Schokoladentafeln mit Wonkas Wunder-Weich-Creme-Füllung.

◎ Wonkas Knusper-Nuss-Überraschung.

◎ Erdbeersaft-Pistolen.

◎ Karamellbonbons, die alle zehn Sekunden die Farbe wechseln.

◎ Bleistifte mit Zuckerüberzug.

◎ Kaugummi, das niemals seinen Geschmack verliert.

◎ Luftballons aus Bonbonmasse.

◎ Wedel-Bonbons, die im Bauch wedeln, wenn man sie herunterschluckt.

◎ Luftballon-Brause, die dich in die Luft steigen lässt.

◎ Magische Schokolade, die du schmecken kannst, wenn du sie nur in die Hand nimmst.

◎ Regenbogen-Drops, mit denen man in sechs verschiedenen Farben spucken kann.

◎ Knallbonbons, für deine Feinde.

◎ Leucht-Lutscher, die man im Bett im Dunkeln isst.

◎ Spezial-Pfefferminz, die deine Zähne für einen Monat grün färben.

◎ Unsichtbare Schokolade für das Essen im Unterricht.

◎ Zungenleim für geschwätzige Eltern.

◎ Karamellen gegen Karies.

◎ Super-Vitamin-Schokolade: mit Vitamin Wonka und allen Buchstaben des Alphabets – außer dem S (von dem einem schlecht wird) und dem H (von dem einem Hörner auf dem Kopf wachsen).

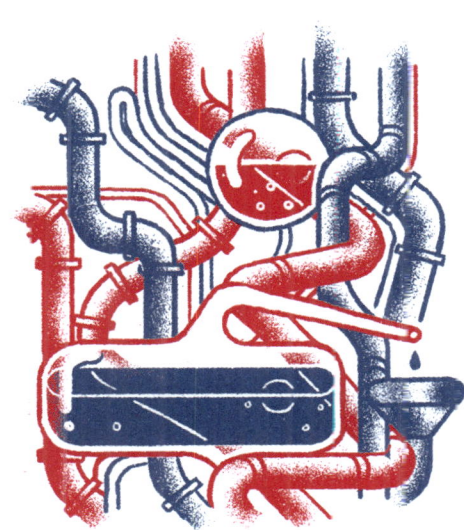

Wunderland

Alice im Wunderland von Lewis Carroll (1865)

Willkommen im schrägsten und surrealsten Land des fantastischen Universums! Wunderland befindet sich irgendwo unterhalb von Großbritannien; einige Experten vermuten seinen Eingang in Christ Church – einem der vielen Colleges, die zur Oxford University gehören. Es handelt sich um eine sehr englische Gegend; hier spielt man Kricket und trinkt seinen Tee Schlag sechs Uhr. Regiert wird das Land von einer erbarmungslosen Herzkönigin, die die Ordnung mithilfe ihrer Gärtner und Soldaten wahrt, die samt und sonders flach und rechteckig wie Spielkarten sind. Ihre Höflinge sind mit Kreuzen und Schellen geschmückt, und die Prinzessinnen und Prinzen tragen lauter Herzen als Schmuck.

Alice entdeckte das Land im Jahr 1852 und vermutete (nach einem Rechenfehler) zunächst, sie wäre einmal durch den Erdkern bis nach Neuseeland oder Australien gereist.

Die genaue Größe dieses Ortes ist unbekannt (und das Land selbst aufgrund der sich ständig ändernden Körpergröße des Reisenden nur schwer kartografierbar), doch man weiß von einzigartigen Landschaften wie dem Kaninchenbau, dem Tränenteich, dem Pilz der blauen Raupe und dem Schloss der Herzkönigin und des Herzkönigs. Zu den einheimischen Geschöpfen gehören das Kaninchen, die Grinsekatze, der Märzhase, der Hutmacher, der Fisch- und der Froschlakai, die falsche Suppenschildkröte, der Greif und der Dodo.

Anreise und Empfehlungen für deinen Aufenthalt

Du möchtest das Wunderland besuchen? Dann musst du nur einem weißen Kaninchen mit roten Augen folgen, bis du an einem 4. Mai seinen Bau erreichst. Dort betrittst du einen Tunnel, der zunächst geradeaus führt, doch plötzlich zu einem Schacht abfällt. Fürchte dich nicht, du wirst sehr langsam fallen. Im Wunderland angekommen, musst du zunächst einige Getränke und Gerichte zu dir nehmen, um zu wachsen und wieder zu schrumpfen. Nur auf diese Weise gelangst du in die unterschiedlichen Räume auf deinem Weg. Allerdings stehen die entsprechenden Fläschchen und Kuchen nicht immer zur Verfügung: Hebe dir also immer eine Ration für später auf. Im ersten Raum solltest du einen Schluck von dem Trunk kosten, der nach einer Mischung aus Kirschtörtchen, Vanillesoße, Ananas, Gänsebraten, Karamell und frischen Buttersemmeln schmeckt. Am wichtigsten ist jedoch: Vergiss nie, die Schlüssel an dich zu nehmen, *bevor* du deine Größe änderst. Denn ohne sie kommst du nicht mehr durch die Tür, und deine Reise wäre somit beendet.

Um die Bewohner des Landes weder zu verärgern, noch ihre Häuser zu zerstören, solltest du dich stets an ihre jeweilige Größe anpassen. Sollte dein Weg dich in den Gerichtssaal des Palastes der Herzkönigin führen, ist es vielleicht gut zu wissen, dass du den Saal – laut Artikel 42 – bei einer Körpergröße über einem Kilometer verlassen musst.

Sightseeing in Wunderland

Du liebst Architektur? Dann besuche unbedingt das Zuhause des Kaninchens, dem du durch den Bau gefolgt bist. Das saubere, kleine Haus ist nicht zu verfehlen, denn auf dem Messingschild an der Tür prangt in eingravierten Lettern der Name »W. Kaninchen«. Schau bei der Gelegenheit doch auch beim Haus der Herzogin vorbei – wenn du dort nicht tagelang vor der Tür warten willst, ignorierst du am besten die konfusen Lakaien Fisch und Frosch und gehst einfach hinein. Da das Haus nicht höher als ein Tisch ist, wirst du schrumpfen müssen, um hineinzupassen. Trink Tee vor dem Haus des Märzhasen, plaudere mit der Grinsekatze, lausche den Geschichten der falschen Suppenschildkröte oder tausche dich mit der blauen Raupe aus, wenn du dich für

Pfeiferauchen und rhetorische Fragen interessierst. Berausche dich im Garten der Herzkönigin am Duft der Blumen und der Kühle der Brunnen, doch berühre nicht die Rosen des Strauchs, der direkt am Eingang steht, wenn du dich nicht mit Farbe bekleckern willst.

Wenn Sport deine Sache ist, könntest du gemeinsam mit einer schreckhaften Maus, einer Ente, einem Dodo, einem Papageien, einer Elster, einem Jungadler und anderen sprechenden Vögeln eine kreisförmige Rennbahn entlangsprinten. Und nicht zuletzt befindest du dich in einem idealen Land für eine Kricket-Partie – mit Igeln anstelle von Kugeln und Flamingos als Schläger.

Vor der Reise für eine der Sportarten oder sonstigen Disziplinen zu üben, ist vergebene Liebesmüh. Regeln gibt es nicht, und voraussichtlich fordert die Königin so oder so deinen Kopf. Du möchtest deine Reise durch Wunderland auch nach dem Besuch des Gerichtssaals weiter fortsetzen? Dann such dir am besten einen Spiegel in einem Schornstein.

Schon gewusst?

♥ Die Geschichte von Alice im Wunderland entstand während einer Schiffsreise auf der Themse, die Lewis Carroll gemeinsam mit Pfarrer Robinson Duckworth und Henry Liddells Töchtern Lorina (13), Alice (10) und Edith (8 Jahre alt) unternahm. Um die drei Mädchen zu unterhalten, erzählte Carroll ihnen dieses Abenteuer, und Alice bat ihn, das Erzählte aufzuschreiben. Drei Jahre später wurde die Geschichte veröffentlicht.

♥ Alice Liddell ist nicht das einzige Kind, das einen Autor zu einer solchen Welt inspirierte: Peter Llewelyn Davies etwa stand Pate für J. M. Barries *Peter and Wendy*. Und im Jahr 1932 lernte die damals 80-jährige Alice Liddell – damals bereits ein Mythos – an der University of Columbia tatsächlich den 35-jährigen Peter Llewelyn kennen.

♥ Beim Schreiben ließ Carroll sich von der Christ Church, dem College der University of Oxford, inspirieren. Dort wurden sowohl Szenen für die Filme *Harry Potter* als auch *Der goldene Kompass* gedreht. Beide Welten finden sich gleichfalls in diesem Atlas.

Der Norden

Der goldene Kompass von Philip Pullman (1995)

Willkommen zurück an der Oxford University! Den Eingang zum Wunderland, der sich hier befindet, hast du bereits gefunden (um dieses schräge Universum zu besuchen, blättere zurück auf Seite 28) und nach deinem Ausflug ins Erdinnere hast du noch Lust auf ein weiteres Abenteuer? Dann schnell zum Jordan College, um den kosmischen Staub zu entdecken und eine neue Expedition gen Nordenzu beginnen. Doch sieh dich vor! Hast du diesen Campus erst einmal betreten, stehst du unter der Kontrolle der fantastischen Theokratie der Heiligen Kirche. Diese Institution – bekannt unter dem Namen Magisterium – unterdrückt alle, die an die Existenz anderer Realitäten jenseits der irdischen und spirituellen Realität glauben – dieses Ziel teilt sie sich mit der General-Oblations-Behörde. Möchtest du dennoch den Spuren der ketzerischen Wissenschaftler folgen, die die Präsenz von Parallelwelten (deren Sichtbarkeit im Norden, zwischen den Nordlichtern, zunimmt) bestätigt haben? Dann nimm die Beine in die Hand und flüchte aus der Universität gen Norden. Doch sei vorsichtig, denn dort liegt auch Bolvangar, von den Mitgliedern der Kirche auch »die Station« genannt. In diesem Land des Bösen werden grausame Experimente an Kindern durchgeführt, um zu verhindern, dass diese als Erwachsene die Parallelwelten erkennen können.

Anreise nach Bolvangar

Du willst dich wirklich auf den Weg in den gefährlichen Norden machen? Bevor du aufbrichst, solltest du wissen, dass dieser von Tartaren bewohnt wird, die Kinder im Ofen braten und essen, von Nälkäinen, Nachtgeistern ohne Köpfe und von der Größe eines Kindes, die jene entführen, die im Wald einschlafen, Windsaugern, umherschwebenden Geistern, die jedem, der sie berührt, seine Kräfte nehmen, und Atemlosen, halb toten Kriegern, denen die Lungen heraushängen. Bist du noch immer überzeugt? Dann begib dich in Begleitung deines Dæmons – eines sprechenden Seelentiers, das seine Gestalt entsprechend deiner Stimmung verändert – nach London. Suche dort das Hausboot der Gypter und verlasse London in Richtung der Fens, einer Wildnis, unter deren unermesslich hohem Himmel sich eine endlose Moorlandschaft erstreckt – unwirtlich und reich an Schlammlöchern und gespenstischen Sumpffeuern.

Nimm Kurs auf Trollesund, den Haupthafen von Lappland, und schließe ein Bündnis mit den Hexen. Diese haben auch ein Konsulat in der Stadt. Umgeben von kleinen Holzhäusern, Schwärmen von Möwen und dem Gestank nach Fisch wirst du auf den Hexenkonsul und einen Aeronauten treffen. Nutze die Gelegenheit, einen abtrünnigen Panserbjørn unter Vertrag zu nehmen – einen Söldnerbären, der von einem Panzer geschützt wird.

Aufgrund seines Alkoholproblems überraschst du ihn in Einarssons Bar, einem rohen Betonschuppen mit einem roten Neonschild. Besteige gemeinsam mit deiner zusammengewürfelten Armee den Schlitten und mache dich auf den Weg nach Bolvangar, vier Tagesreisen nordöstlich von hier.

Überleben in Bolvangar und Svalbard

Oh, was für eine grauenvolle Versuchsstation! Errichtet aus mehreren Gebäuden aus Stahl und Beton, ausgestattet mit unterirdischen Räumen, in deren meilenweitem Umkreis eine derartige Atmosphäre aus Angst und Hass herrscht, dass die Vögel schon vor Langem davongeflogen und die Lemminge und Füchse geflohen sind. Ein anbarisch geladener Drahtzaun, der mittels Kohlenspiritus betrieben wird, umgibt das Gelände. Doch nicht nur der Zaun versperrt den Zugang! Kompanien mit Gewehren, Kanonen und Flammenwerfern bewaffneter Soldaten patrouillieren am Eingang. Nur auf dem Rücken des gepanzerten Bären wirst du dein Ziel erreichen. (Wenn du den Rücken eines Löwen vorziehst, lies weiter auf Seite 88.) Allerdings ist es gut möglich, dass du unterwegs von Samojeden entführt wirst. Während du auf der Station gefangen gehalten wirst, solltest du die Gelegenheit nutzen, so viele Kinder und Dæmonen wie möglich zu befreien, aber fliehe danach auf dem fliegenden Wolkenkiefernzweig einer guten Hexe bis zu dem Heißluftballon, der dich an dein endgültiges Ziel bringen wird.

Svalbard befindet sich mitten im Nirgendwo, in einer der isoliertesten, dunkelsten und kältesten Gegenden dieses Universums. Enorme Gletscher, Feuerminen, Eisburgen und von kriegerischen Alben bewohnte Klippen bestimmen die Landschaft des Königreichs der – vom Magisterium bezahlten – Söldnerbären. Es ist keine leichte Aufgabe, diese gepanzerten Bestien in die Irre zu führen, weswegen du möglicherweise auch in das gewaltige steinerne Gebäude der General-Oblations-Behörde gesperrt wirst. Ein Kampf zwischen den Bären wird darüber entscheiden, ob du aus diesem Schlamassel wieder herauskommst und du die Raubtiere von ihrem Tyrannen befreien und zu den ketzerischen Professoren zurückkehren kannst.

✳ ✳ ✳

Bist du neugierig auf die Stadt aus Licht geworden, die durch die Aurora zu erkennen ist? Dann ist dies der Moment, in ein anderes Universum zu reisen. Allerdings musst du zum Öffnen des Portals einen Freund töten.

Schon gewusst?

✳ Obwohl das Jordan College in der realen Welt nicht existiert, gibt es Parallelen zum Exeter College – der Alma Mater von Philip Pullman in Oxford.

✳ In der Filmadaption von 2007 wurden, aus Angst vor einem Boykott des konservativeren Publikums, sämtliche Anspielungen auf die Kirche weggelassen.

✳ Der Autor veröffentlichte im Jahr 2017 ein Prequel zu seiner Erzählung, die zehn Jahre vor dem Abenteuer spielt, das hier beschrieben wird.

✳ Im Jahr 2008 erschien der Roman außerdem auf dem zweiten Platz der am meisten zensierten Bücher der Vereinigten Staaten.

Idhún

Geheime Welt Idhún von Laura Gallego (2004–2006)

Nun ist es an der Zeit, Idhún zu retten, die Welt der drei Monde und der drei Sonnen! Wie eine alte Aufzeichnung der Himmelblauen berichtet, wurde dieses fantastische Universum von sechs äußerst temperamentvollen Göttern erschaffen – Irial, die Immer Gerechte; Karevan, Vater der Steine; Yohavir, Herr der Winde; Wina, Göttin alles Grünen; Aldun, Gott des Feuers und Neliam, Herrin des Meeres –, die ihrerseits im Anbeginn der Zeiten als Frucht der Verbindung zwischen Um und Ema erschaffen wurden. Jede einzelne dieser Gottheiten schuf eine Rasse, und auch Idhún wurde sein Platz zugewiesen: Die Menschen bevölkerten das Tal im Süden der Eiskrone, die Feen die Wälder des Ostens, die Riesen Nanhai, verborgen im hohen Norden; die Yan lebten in der Wüste und die Varu in den Meeren, Seen, Flüssen und Quellen. Zuletzt ließen sich im Zentrum des – aus einem einzigen hexagonalen Kontinent bestehenden – Planeten die Himmelblauen nieder, ein friedliches Volk aus blauen Wesen.

Aber das Land versank im Krieg, und so sperrten die Götter das Chaos in einen Stein, dem tragischerweise der Siebte entstieg, eine erzböse Gottheit. Nach Jahrtausende währenden Kriegen zwischen Priestern, Kaltblütern, Zauberern und Erzmagiern wurde der niederträchtige Gott zu Ashran dem Schwarzmagier, der Drachen und Einhörner vernichtete und sein düsteres Reich gründete. Seitdem planen die Exilanten in Limbhad die Rückeroberung.

Idhún befreien

Du willst dich dem Widerstand anschließen? Auch wenn immer die Möglichkeit besteht, dass du als Exil-Idhunit auf der Erde lebst, ist es sehr unwahrscheinlich, dass die Rebellen die Hilfe eines Erdbewohners benötigen. Wenn du den Überlebenden dennoch in ihrem Kampf gegen Ashran beistehen willst, wirst du in Limbhad erwachen, einem geheimen Zufluchtsort, an dem es immer Nacht ist. Diese wenige Quadratkilometer große Miniwelt, die aus einem Bach, einem Wäldchen und einer winzigen Bergkette besteht, schwebt zwischen Erde und Idhún und bietet Exilanten den nötigen Schutz, während sie mit den magischen Waffen trainieren, die ihren eigenen Willen haben (darunter auch ein paar blutdürstige!). Du wirst in einem der gemütlichen, miteinander verbundenen igluförmigen Räume leben, aus denen das Haus an der Grenze besteht, in deren Mitte sich eine riesige Bibliothek befindet. Doch ihr Rebellen seid nicht allein auf diesem durch den Weltraum fliegenden Stein: Er ist auch das Zuhause der Seele, eines wohlgesinnten Wesens, das euch vor dem Bösen schützt und euch auf andere Planeten teleportiert. Sobald du nach Idhún reist, solltest du dich aus den nun folgenden Gefechten heraushalten, wenn du nicht hervorragende Schwertkampffähigkeiten vorweisen kannst. Und sei vor allem den Szish gegenüber besonders vorsichtig: todbringende Soldaten mit Schlangenkörpern, die den Sheks, geflügelten Schlangen mit übermenschlichen Kräften, Treue geschworen haben.

**Nutze die Gelegenheit, Idhún zu bereisen, während die von Rittern, Neuen Drachen und Feen unterstützten Helden sich dem Schwarzmagier entgegenstellen.
Doch meide die Festung von Nurgon (im Königreich von Dingra, in Nandelt)! Dort lauert Gefahr.**

Idhún erkunden

Erkunde den von gewaltigen Meeren umgebenen und mit Orakeln, Zaubertürmen, Wäldern und hohen Gebirgsketten gespickten Planeten! Beginne deine Reise im hohen Norden beim Großen Orakel, das sich aufgrund der Kriege ständig im Umbau befindet. Ziehe weiter bis Nanhai, um die einsamen Riesen zu besuchen. Bereite dich darauf vor, in diesem, durch seine Nähe zur Eiskrone, eisigen Land Schneestürmen ausgesetzt zu werden, während denen du dich nur in Höhlen zurückziehen kannst. Wenn du dich lieber in Städten aufhältst, reise nach Nandelt, das vom Fluss Adi geteilt wird. Da die Menschen auf jedem Planeten gleich sind, haben sie diese Region in fünf Königreiche unterteilt – Vanissar, Raheld, Nanetten, Dingra und Shia –, wo sich das Hauptquartier der Neuen Drachen und eine einflussreiche Ritterakademie befinden. Doch wenn dich die einfachen Menschen – zu Recht! – langweilen, findest du in der Mitte des Kontinents Celestia, mit herrschaftlichen Straßen und weißen Kuppeln in eleganten Städten. Dies ist das ideale Reiseziel für alle Gourmets, die kein Fleisch essen, denn die empathischen Himmelblauen sind allesamt Vegetarier. Auch für angesehene Ornithologen ist es perfekt, da dort die Haai nisten – riesige, gut gepflegte Vögel. Fortsetzen solltest du deine Reise mit einem Besuch bei den neugierigen idhunischen Kreaturen in Drackwen; einer Region im Westen, die aus einem Sumpfgebiet, dem heiligen Wald der Einhörner (heute von Feen bewohnt) und den furchteinflößenden Feuergipfeln, einer ungemütlichen Vulkanlandschaft, besteht. Im Osten des Kontinents erhebt sich Derbhad, die Heimat des Großteils der Feen. Besuche den Awa-Wald, um mit Dryaden und Gnomen zu plaudern, doch mache einen großen Bogen um Trask-Ban, den unheilvollen Wald der Kobolde. Den Abschluss deiner Expedition bilden im Süden die von den misstrauischen Yan bewohnte Wüste von Kash-Tar sowie das Gebiet von Awinor, ein makaberer Drachenfriedhof.

Vor deiner Rückkehr nach Hause solltest du den Unterwasserstädten der Varu einen Besuch abstatten. Ihre Häuser haben zwar Fenster, jedoch keine Türen. Sollte dich das erzürnte Meer abschrecken, triffst du die telepathisch begabten Wasserbewohner auch in den besten Gasthäusern, wo sie in riesigen, eigens auf sie ausgerichteten Badewannen gastieren.

Und was gibt es sonst noch in Idhún?

♙ Mischlinge (Kinder von verschiedenen Rassen) und Hybriden (Wesen mit zwei Seelen unterschiedlicher Spezies).

♙ Säugetiere wie Barjabs, Bokaris, Firnibs, Lamus und Paskes.

♙ Sich bewegende Gebirgsketten und Flüsse, die ihre Richtung ändern.

♙ Von Halbvaru bewohnte Inseln.

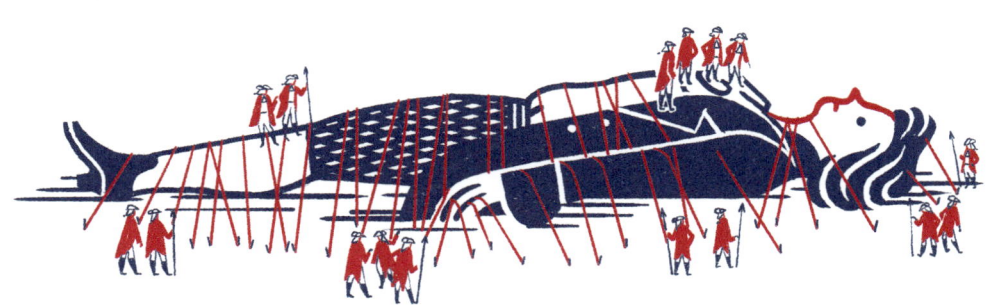

Liliput und Blefuscu

Gullivers Reisen von Jonathan Swift (1726)

Entspannst du gerne bei einem kleinen Abenteuer? Dann ist Liliput genau das richtige Land für dich! Im Süden des indischen Ozeans, in der Nähe des Vandiemenslandes, erhebt sich die winzige Insel Liliput, die nur fünftausend Blustrugs misst. Sie wird von dem großmächtigen Kaiser Golbasto Momaren Evlame Gurdilo Shefin Mully Ully Gue regiert, Entzücken und Schrecken des Weltalls, und verfügt über paradiesische Strände und dichte Wälder, deren größte Bäume kaum mehr als sieben Fuß hoch sind. Die winzigen Einwohner Liliputs messen etwa zwölf Zoll – was einem Zwölftel eines durchschnittlichen Menschen entspricht. Da ihre Umgebung sich ihrer geringen Statur jedoch proportional anpasst (die Pferde sind etwa vier bis fünf Zoll hoch!), leben die Liliputaner glücklich in diesem fruchtbaren Königreich. Eine halbe Million dieser winzigen Wesen wohnen in der unruhigen Hauptstadt Mildendo, die von einer zweieinhalb Fuß hohen und wenigstens elf Zoll breiten Mauer geschützt wird.

Es existieren zwei miteinander streitende Lager, deren Mitglieder wahlweise hohe (die Tramecksan) oder flache Absätze (die Slamecksan) tragen. Gemeinsam ist ihnen der Streit mit den Bewohnern der Insel Blefuscu über das richtige Aufschlagen gekochter Eier. Elftausend Personen starben lieber, als sich damit abzufinden, die Eier am spitzen Ende aufzuschlagen, auch wenn einige Verräter nach ihrer Verbannung nach Blefuscu flüchteten.

Anreise

Diese paradiesische Insel ausfindig zu machen ist nicht ganz einfach, denn nach ihrer Entdeckung durch die Europäer im Jahr 1699 fürchteten die führenden Liliputaner die Folgen des Tourismus auf ihre Wirtschaft und ergriffen Maßnahmen, um Liliput vor der realen Welt geheim zu halten. Möchtest du dennoch nach Liliput fahren? Dann besteige ein Schiff, das Richtung Nordwesten Vandiemenslands ausläuft. Sobald du dich auf dreißig Grad zwei Minuten südlicher Breite befindest, begibst du dich in ein Boot, ruderst neun Meilen und überlässt dich danach für eine halbe Stunde der Gnade der Wogen. Anschließend schwimmst du von Wind und Flut getrieben – und am besten mit einem Rettungsring –, bis du festen Boden unter den Füßen spürst. Bevor du damit beginnst, Liliput zu erkunden, erweise zunächst dem Hurgo deinen Respekt. Bedenke jedoch, dass er weder des Deutschen, Holländischen, Lateinischen, Französischen, Spanischen, Italienischen noch der Lingua franca mächtig ist.

Wenn du seine Majestät und den Staatsrat davon überzeugen kannst, dass du auf der Insel bleiben darfst, kannst du als nächstes den Palast von Belfaborac besichtigen, der sich in der Hauptstadt des Königreichs befindet. Achte darauf, nicht auf Tiere oder Bewohner zu treten! Auf dem Weg dorthin solltest du nichts essen: Es ist gut möglich, dass der König dich zu einem Festmahl mit sechs Rindern, vierzig Schafen und anderen Leckerbissen einlädt.

Unternehmungen in Liliput

Außer dem ein oder anderen Scheingefecht geschieht nicht viel in Liliput – was dieses Land zu einem idealen Ort für einen ruhigen Urlaub macht. Richte dich im größten Gebäude des gesamten Königreichs ein – einem alten Tempel, der seit dem Besuch des Entdeckers Lemuel Gulliver Ende des 17. Jahrhunderts zu einem Gasthaus für große Wesen umfunktioniert wurde. Dort schläfst du auf einem Bett aus sechshundert winzigen Matratzen und lässt dich von einem deiner dreihundert Köche täglich mit Nahrung verköstigen, von der alternativ 1728 der winzigen Untertanen satt geworden wären. Entspanne dich am Strand und trau dich auch ruhig ins Meer: Es ist nur siebzig Glumgluffs tief.

Du brauchst Unterhaltung? Schau dir in der Hauptstadt einen Tanz auf dem Seil an – ein Wettkampf jener Kandidaten, die sich um bedeutende Ämter und um die hohe Gunst bei Hofe bewerben. Gut möglich, dass es zu einem tödlichen Unglücksfall kommt, weswegen du es vielleicht vorziehst, dir den edlen Tanz des Limbo anzuschauen, bei dem nur der Kaiser oder der Erste Minister die Befugnis haben, den Stock zu halten. Wenn du deine Abenteuerreise gerne um eine spirituelle Auszeit erweitern möchtest, besuche eine der Kirchen, um die Lehren des großen Propheten Lustrog, wie man Eier richtig aufschlägt, zu studieren, die im heiligen Buch Blundecral festgehalten sind.

Wenn du einwilligst, dich gegen Blefuscu zu verbünden (möglicherweise musst du dich hierzu der Kriegsschiffe des Feindes bemächtigen, von denen einige mehr als zwei Meter lang sind), wird das Königreich mehr als anderthalb Millionen Sprugs, zweihundert Näherinnen und sechshundert Bedienstete in dich investieren, die dich wie einen König behandeln werden.

Sehenswürdigkeiten in Liliput

❧ Die Liliputaner schreiben schräg von einer Ecke des Schreibpapiers zur anderen.

❧ Liliputaner begraben ihre Toten senkrecht mit dem Kopf nach unten, damit diese bei ihrer Auferstehung in elf Monden, wenn sich die Erde mit der Oberseite nach unten gedreht hat, richtig auf den Füßen stehen.

❧ Die Kinder Liliputs werden in staatlichen Erziehungsanstalten untergebracht, wo die Eltern sie nur zweimal im Jahr für eine Stunde besuchen und ihr Kind bei der Ankunft und beim Abschied küssen dürfen. Geflüster, zärtliche Ausdrücke und Geschenke wie Spielzeug oder Süßigkeiten hingegen sind strikt verboten!

❧ Die Liliputaner sind ein sehr vernünftiges, strenges und gerechtes Volk. Sollte eine Person während eines Prozesses seine Unschuld beweisen, wird sein Ankläger auf schmachvolle Weise hingerichtet, und aus seinem Vermögen wird der Unschuldige vierfach für den Verlust seiner Zeit, durchlittenes Ungemach und investierte Verteidigungskosten entschädigt.

Erdsee

Der Magier der Erdsee von Ursula K. Le Guin (1968)

Möchtest du deine Tapferkeit unter Beweis stellen, indem du dich Geistern, Magiern, Drachen und Grundsteinen entgegenstellst? Dann nimm Kurs auf Erdsee! Dieser Archipel von mehr als hundert Inseln wurde vom mächtigen Weltenschöpfer Segoy geschaffen, als Menschen und Drachen noch derselben Rasse angehörten. Nur mithilfe des Wortes hob er Dutzende von Inseln aus den Tiefen des Meeres. (Seine Heldentaten fanden Eingang in das bekannte Lied »Die Erschaffung von Éa«.) Auch wenn Erdsee sich rein technisch betrachtet in der Eisenzeit befindet, sollte sich der Besucher weder von den rustikalen Schiffen noch von den hölzernen und bronzenen Waffen der Bewohner täuschen lassen: Selbst die entlegensten Landhäuser werden von mächtigen Magiern und schrecklichen, von einem bösen Zauberer hervorgerufenen, Schatten bewohnt. Magie wird auf dem gesamten Archipel praktiziert – außer auf den Inseln der Kargs, einem namhaften Piratenvolk, das kein Hardisch spricht.

Da die Zaubererschule in der Stadt Thwil sehr beliebt ist, findet man die meisten aus dem Ausland Angereisten dort. Viele Touristen zieht es auf die größere der beiden Inseln, Havnor. Neben Drachen leben in Erdsee auch Otaks (stumme, pelzige Säugetiere mit großen Augen, die sich schlecht zähmen lassen) und Harrekis (Minidrachen, die kaum handgroß und Liebhaber von Weizenkuchen sind).

Die Schule von Rok

Du wolltest schon immer das Zaubern erlernen, wartest aber immer noch auf deinen Brief aus Hogwarts? Dann solltest du die Chance ergreifen und in den Süden reisen! Dort, in der Schule auf der kleinen Insel Rok, unterrichten die graubetuchten Meister vielversprechende Jungen und Mädchen aus allen Ecken der Welt in der Kunst der Magie. Die Graubetuchten, die auch die Neun genannt werden, sind jeweils Meister ihres Fachs: Meister der Lieder, Meister der Kräuterkunde, Meister Windschlüssel, Meister Hand, Meister des Gebietens, Meister der Formgebung, Meister der Verwandlung, Meister Namengeber, Meister Türhüter. Erziehung und Unterbringung sind in der Zaubererschule kostenfrei, doch wer nicht genügend Begabung mitbringt, den lässt Meister Türhüter nicht über die Schwelle. Wenn du ein Mädchen bist, hast du Glück! Es ist eine gemischte Schule, auch wenn während einiger dunkler Jahrzehnte der Erzmagier Halkel allen Frauen den Unterricht auf der Insel der Weisen verbot, da er befürchtete, dass es zu Eifersucht aufgrund ihrer Macht und ihrer wichtigen Rolle in der Schule kommen könnte. Wer tatsächlich eine gewisse Begabung für die Magie erkennen lässt, wird das Großhaus von Rok – eine Feste aus grauen Steinblöcken mit Ausblick aufs Meer, das über Thwil thront – kaum mehr verlassen können und viel Zeit in den Seminaren beim Lernen von Magie verbringen (möglicherweise musst du dich zum Sprachenlernen für ein paar Wochen im Einsamen Turm einsperren). Doch verzweifle nicht: Die Schule verfügt über gepflegte, von Eichen bewachsene Innenhöfe, Gärten mit Springbrunnen, eine Heilklinik – und unter den Türmen und Dächern etliche Einzelzimmer, die allerdings nur mit strohgefüllten Matratzen ausgestattet sind. Während deines Aufenthaltes solltest du unbedingt bei einer der Feierlichkeiten dabei sein, die im Festsaal abgehalten werden, und im Raum der Regale vorbeischauen, wo sich die Werke der Magie und Runenkunde befinden. Wie wäre es mit etwas Sport? Dann nimm doch an einer der Regatten mit magisch angetriebenen Booten im Hafen oder einer Runde Verstecken im Wald, mit unsichtbaren Mitspielern, teil.

Wenn du ein guter Schüler bist, erhältst du Zutritt zum Immanenten Hain, dessen Bäume eine übernatürliche Verbindung zu allen anderen in Erdsee haben und dir sämtliche Geheimnisse des gesamten Archipels zuflüstern können. Aber Achtung: Er ist viel größer, als er dir erscheint, solange dir der Zutritt verboten ist.

Anreise nach Erdsee

Unbedingt einen Besuch wert ist die magische Welt des hardischen Volkes. Die Insel Gont ist bekannt für seine Magier, und dort werden Zauberer und Hexen dich mit offenen Armen empfangen. Aber Vorsicht: Lenke das Gespräch niemals auf das grauenvolle Meer! Auch wenn es auf einer achtzig Quadratkilometer großen, vom Ozean umgebenen Insel, seltsam erscheinen mag, so waren doch nur wenige Bewohner kühn genug, an Bord eines Schiff zu gehen oder auch nur einen Finger in das salzige Wasser zu tauchen.

Die Länder Erdsees sind friedlich, aber schütze deine Habseligkeiten dennoch vor den Plünderungen durch die Kargs, jenen blutrünstigen, weißhäutigen Kriegern aus dem Osten. Risikobegeisterte Abenteurer hingegen reisen zu den Drachen an den Grenzen des östlichen Archipels.

Kannst du die Drachen mit deiner Intelligenz beeindrucken?
Dann begleiten sie dich möglicherweise auf deiner Reise und
überreichen dir als Abschiedsgeschenk sogar einen Edelstein.

Schon gewusst?

✳ Es gibt viele Parallelen zwischen dieser Saga und *Harry Potter*, dessen Abenteuer fast dreißig Jahre später veröffentlicht wurden. Wie Harry ist der Protagonist von *Der Magier der Erdsee* ein jugendlicher Zauberer und besitzt eine Narbe, die ihm sein Erzfeind zugefügt hat und die ihm Schmerzen bereitet, wenn dieser in der Nähe ist.

✳ Ursula K. Le Guin gilt als Mitbegründerin des Subgenres »Zauberschule«.

✳ Die ersten vier Bücher wurden als ein Kinofilm adaptiert und durch das Studio Ghibli umgesetzt. Laut der Autorin ist *Die Chroniken von Erdsee* »enttäuschend«.

✳ *Der Magier der Erdsee* gewann den renommierten Lewis Carroll Shelf Award (1958–1979). Dieser wurde an jene Werke verliehen, die es durch ihre Qualität und Originalität verdient haben, »im selben Bücherregal« wie *Alice im Wunderland* zu stehen.

Camelot

König Arthur und seine Ritter der Tafelrunde, Ausgabe von Roger Lancelyn Green (1953)

🛡 🛡 🛡

Geschichte begeistert dich, und du hast schon immer davon geträumt, die sagenumwobene Vergangenheit zu erkunden? Dann auf nach Camelot – jener Festung, die dem berühmten König Arthur sowohl als Hof als auch als Hauptstadt dient. In dem verwunschenen Schloss Tintagel (im Süden Cornwalls) wurde Arthur als Sohn des Uther Pendragon (einem britannischen Monarchen geboren und nach seiner Geburt in die Obhut des Zauberers Merlin gegeben, dessen Auftrag es war, Arthur in das Geheime Land Avalon zu bringen, in dem Feen und Elfen mächtige Beschwörungen ersannen und den Jungen dann bei sich aufnahmen.

Nach Jahren blutiger und leidvoller Kämpfe zwischen Britannien und Sachsen kehrte Merlin aus den verborgenen Tälern von Nordwales zurück und ging nach London – wo zeitgleich mit dem Zauberer im Kirchhof der Abtei ein eiserner Amboss erschien, in den ein Stahlschwert gestoßen war. Merlin verkündete, dass nur der rechtmäßige König von Logres (dem heutigen England) in der Lage sein würde, das Schwert herauszuziehen. Tatsächlich gelang eben dies dem halbwüchsigen Arthur, der daraufhin zum König gekrönt wurde und sich in Camelot, der prächtigen, von Ebenen und Wäldern umgebenen Flussstadt niederließ. Im Festsaal seiner Burg versammeln sich alljährlich zum Pfingstfest die tapferen Mitglieder der Tafelrunde an einem magischen, von Merlin dort aufgestellten Tisch, um sich einander von ihren Ruhmestaten zu berichten.

Wie man sich in Camelot etabliert

Wer nach Camelot auswandern möchte, sollte sich bewusst sein, dass dort selbst die besten Ritter in den grausamsten Schlachten gegen Sachsen und widerspenstige Könige ums Leben gekommen sind. Wer aber zum tapferen Edelmann geboren ist und die Schwertkunst beherrscht, wird mit etwas Glück am Hofe von Logres aufgenommen. Nach der Gründung des Königreiches kannst du den Herrscher Arthur auf seiner Suche nach dem Schwert Excalibur begleiten, das von Elfen aus Avalon geschmiedet wurde. Dafür verlässt du die Stadt und tauchst ein in den nahen Wald, bis du an ein schmales, von dunklen Bergen umgebenes Tal gelangst, wo ein enger Pass zwischen den Felsen dich ins Zentrum eines trostlosen Gebirgsrings führt. Dort erwartet dich ein See aus klarstem, sonnigstem Blau, dessen Ufer dicht von grünem Gras und Blumen bedeckt ist – der See des Feenschlosses. Jenseits des Sees liegt die Ebene von Camlann (wo Arthur auf tragische Weise durch eine vom Schwarzen Ritter ausgeführte Stichwunde sein Leben verliert) und das herrliche, von Lagunen und geheimnisvollen Nebeln umgebene Avalon. Du jedoch solltest zunächst das Boot der Herrin vom See besteigen, um das Schwert Excalibur mit seinen eingelassenen Juwelen und dem goldenen Griff aus dem Wasser holen. Vergiss nicht die Scheide! Denn sie sorgt dafür, dass ihr Träger in der Schlacht nur wenig Blut verliert – ganz gleich, wie schwer er auch verwundet sein mag.

Kehre mit dem Schwert in den Händen nach Camelot zurück und versamble dich mit den restlichen hundertfünfzig Rittern um den magischen Tisch, wo auf jeden Stuhl der Name des ihm zugewiesenen Edelmannes in Goldbuchstaben eingraviert ist. So setzt du dich hoffentlich nicht auf den Platz der Gefahr, der jeden tötet, der sich dort niederlässt.

Nachdem Merlin allen tapferen Kämpfern den Ritterorden verliehen hat, kannst du ihn zu seinem ewigen Gefängnis geleiten – denn seine Geliebte Nimue hat ihn verzaubert und sperrt ihn aus Angst vor seiner großen Macht in eine Höhle. Begleite Nimue dabei – bis nach Gwynedd (Nordwales), das von König Ban beherrscht wird. Unter sonderbaren Liedern und den Klängen der magischen Harfe Cwyth wandert ihr in die Berge, bis hin zu einem weißen, mit Blumen bedeckten Weißdorn.

♖ ♖ ♖

In neun magischen Kreisen umschreitet Nimue den kleinen Baum, bis sich ein Gang hinab in die Erde öffnet, den der unglückliche Zauberer hinabsteigen muss. Versuche nicht, ihm zu folgen! Dort, begraben unter einer großen Steinplatte, muss Merlin einsam ruhen.

Abenteuer in Logres

In Britannien erwarten dich Tausende Abenteuer mit blutrünstigen Monstern, heimtückischen Feen und niederträchtigen Männern – etwa der Riese vom Berg Saint Michael, der hilflose Reisende entführt, oder die Hexe Morgana, die ihre Feinde mit einem verzauberten Mantel verbrennen will, oder der Ritter Garlon, der die Schwarzen Künste studiert, um unsichtbar zu werden. Doch es gibt nicht nur Kämpfe in Arthurs Königreich: Sowohl in der Festung von Camelot als auch in der Burg Caerleon (am Ufer des Flusses Usk) wird zu üppigen Banketten mit Wettkämpfen und Minnesängern zur Unterhaltung geladen.

Wenn es dich reizt, dich auf die Suche nach dem Heiligen Gral zu machen, reite nicht mit den falschen Rittern! Viele Ritter überleben die Suche nicht. Die Gralssuche verspricht erfolgreich zu werden, wenn du dich Parzival, Bors und Galahad anschließt, die durch den furchteinflößenden Wald der toten Bäume reisen, der Carbonek umgibt. An dessen Ende reist ihr weiter durchs Gebirge und bis zu einer baufälligen Burg mit zertrümmerten Mauern, in deren Innerem zur vorhergesagten Zeit eine Gralsprozession stattindet: Drei geisterhafte Maiden tragen die Blutende Lanze, die Silberne Schale und den Kerzenhalter herein, gefolgt von der Gralsmaid, die den mit weißem Samt bedeckten Heiligen Gral in ihren Händen hält.

Falls du der Ritter bist, der auserwählt wurde, den Heiligen Wein zu trinken, wirst du das Licht in die Welt tragen, anderenfalls wirst du augenblicklich dein Leben verlieren.

Regeln, um in den Ritterorden aufgenommen zu werden

Begehe keine Untaten wie Mord oder sonstige Schandtaten.

Schwöre allem Verrat, aller Unaufrichtigkeit ab.

Hab Erbarmen und sei edelmütig.

Helfe den Schwächeren und beschütze sie.

Kämpfe niemals um Liebe oder Geld, nur für Recht und Gerechtigkeit.

Asteroid B 612

Der kleine Prinz von Antoine de Saint-Exupéry (1943)

Du hältst den Mond für einen eher ungemütlichen Ort? Dann entscheide dich in deinen nächsten Ferien doch für einen Asteroiden! Der Asteroid B 612 ist kaum größer als ein Haus und wurde 1909 von einem türkischen Astronomen entdeckt, der ihn durch ein Fernrohr erspähte und seine Entdeckung noch im selben Jahr einem internationalen Astronomen-Kongress präsentierte.

Dieser Himmelskörper wird von einem kleinen Prinzen mit goldenen Haaren regiert, der ihn gemeinsam mit einer eitlen Rose bewohnt, die dem Größenwahn verfallen ist (möglicherweise hat er sich nach 1937 noch ein kleines Schaf auf den Asteroiden geholt). Dann gibt es dort noch drei Vulkane: zwei aktive – was sehr praktisch ist, um morgens ein warmes Frühstück zuzubereiten – und ein möglicherweise für immer erloschener. Der Boden dort ist übersät von Samen des kirchturmhohen Affenbrotbaumes – und da die Gefahr besteht, dass dessen Wurzeln den kleinen Planeten zunächst durchdringen und dann sprengen, widmet der disziplinierte kleine Prinz einen Teil seiner täglichen Arbeit dem Ausreißen der sprießenden Pflanzen. Der Planet ist derart winzig, dass das kleine Kerlchen unendlich viele Sonnenuntergänge betrachten kann – einfach, indem er seinen Stuhl um wenige Schritte weiterrückt (einmal hat er die Sonne vierundvierzigmal untergehen sehen!).

Anreise und Aktivitäten auf dem Asteroiden

Seit der Pilot Antoine de Saint-Exupéry im Jahr 1943 das Notizbuch über seine Abenteuer in der Wüste veröffentlichte, erfreuen sich Reisen zum Asteroiden B 612 großer Beliebtheit. Da der Platz dort gerade so für einen Touristen allein ausreicht, sind diese bis zum Ende des laufenden Jahrhunderts ausgebucht. Wenn du es mit Bestechung versuchst und erfolgreich bist – reise zunächst in die Sahara und dort zu einer alten Steinmauer neben einem sonderbaren Brunnen, der einem richtigen Dorfbrunnen gleicht. Sobald die Gestirne günstig stehen, lass dich von einer der gelben Schlangen beißen, die dich in dreißig Sekunden erledigen. Noch vor der Dämmerung wird dein Körper sich auf dem winzigen Planeten befinden.

Vergiss nicht, dem kleinen Prinzen ein Geschenk mitzubringen (möglicherweise braucht er einen Ersatz für seinen ewigen goldgelben Schal), und zeige dich für seine Gastfreundschaft erkenntlich, indem du einige Affenbrotbaumsträucher beseitigst. Lass aber die einfachen, nur aus einem einzigen Kranz von Blütenblättern geformten Blumen stehen, die im Gras wachsen: Sie spielen keine große Rolle und verschwinden jeden Abend wieder. Auch solltest du die beiden tätigen Vulkane fegen, damit sie sanft und regelmäßig brennen, und den erloschenen Vulkan reinigen, wenn du ihn als Hocker benutzen möchtest (der Krater reicht einem bis zu den Knien). Befreie die arrogante Rose von Raupen, aber lass zwei oder drei von ihnen am Leben, damit sie zu Schmetterlingen werden können. Stelle die Rose danach zum Schutz vor Zugluft hinter einen Wandschirm oder unter eine Glasglocke – zumindest dann, wenn sich ein kleines Schaf in der Nähe befindet. Hast du schon überprüft, ob sein Maulkorb und seine Kiste in gutem Zustand sind?

Da du nur wenige Sekunden benötigen wirst, um den Ort zu erkunden, nutze die Gelegenheit zu einem Ausflug in die Region der Asteroiden 325, 326, 327, 328, 329 und 330. Der erste wird von einem tyrannischen Monarchen auf einem königlichen Thron regiert und ist von einem herrlichen Hermelinmantel bedeckt. Da der König nach Untertanen sucht, über die er herrschen kann, solltest du schnell weiterziehen und deine Zeit gleichfalls weder auf dem zweiten (Wohnsitz eines Eitlen auf der Suche nach Bewunderern) noch auf dem dritten (der dortige Säufer wird dich in tiefste Melancholie stürzen) der genannten Asteroiden verschwenden.

Auf dem vierten Asteroiden wohnt ein gestresster und von Rheumatismus geplagter Geschäftsmann, der eine besondere Abscheu gegenüber Forschungsreisenden empfindet, die ihn bei seinen Berechnungen stören.

Meide den gestressten Laternenanzünder auf dem fünften Asteroiden, aber grüße den alten Herrn auf dem sechsten – der zehnmal größer ist als B 612 –, wenn du dich für Bücher interessierst.

Andere Möglichkeiten, den kleinen Prinzen kennenzulernen

Wusstest du, dass der kleine Prinz hin und wieder die Saharawüste bereist? Wenn du ihn dort gefunden hast, nimm dir Zeit, um seine Fragen zu beantworten und seinen überraschenden Berichten über deinen eigenen Planeten zu lauschen. Sicher wusstest du noch nicht, dass es auf der Erde (einem ganz trockenen, ganz salzigen Planeten voller Spitzen) hundertelf Könige, siebentausend Geografen, neunhunderttausend Geschäftsleute, siebeneinhalb Millionen Trinker und dreihundertelf Millionen Eitle gibt (und ungefähr zwei Milliarden erwachsene Leute).

Auf dieser Reise begegnest du unterschiedlichsten Persönlichkeiten – wie der Blume mit den drei Blütenblättern, dem Weichensteller, dem Händler für durststillende Pillen, der Schlange, die so dünn ist wie ein Finger, oder dem philosophischen Fuchs, der gezähmt werden will.

Schon gewusst?

🌹 Antoine de Saint-Exupéry war Pilot. Im Dezember 1935 stürzte er – ebenso wie der Erzähler von *Der kleine Prinz* – in der Wüste Sahara ab.

🌹 Der Autor verschwand 1944 bei einem Flugzeugabsturz. Das Flugzeugwrack wurde erst im Jahr 2000 gefunden.

🌹 Man vermutet, dass die Affenbrotbäume den Nationalsozialismus repräsentieren sollen und die Rose seine Frau und Muse Consuelo symbolisiert.

🌹 Der Erzähler der Geschichte erscheint auf keiner der Illustrationen, die der Autor entworfen hat. Allerdings sind einige Skizzen erhalten, auf denen er zu sehen ist.

Ingari

Das wandelnde Schloss, oder *Sophie im Schloss des Zauberers* von Diana Wynne Jones (1986)

Wenn du leidenschaftlich gerne fantastische Universen bereist, ist es gut möglich, dass du mittlerweile bereits auf dem Rücken eines kriegerischen Bären geritten bist, gegen raffinierte Piraten gekämpft hast und sogar schon bis zum Mittelpunkt der Erde vorgedrungen bist ... doch bestimmt hast du noch nie in einem klapprigen, sich ständig fortbewegenden Schloss übernachtet! Diese wandelnde Festung, Eigentum des Zauberers Howl, reist quer durch das Königreich von Ingari – einen Ort, an dem sämtliche fantastischen Gegenstände, die du dir nur vorstellen kannst, wirklich existieren und an dem es immer ein ziemliches Pech ist, das älteste von drei Geschwistern zu sein. Dieses hohe, schwarze Schloss, aus dem vier dünne, hohe Türme ragen, wurde zum ersten Mal im Folding Valley gesichtet, wie es zwischen den Hügeln umherwanderte, die die zwei benachbarten Orte Upper Folding im Norden und Market Chipping im Süden voneinander trennen. Außer in der Ebene wohnen die Arbeiterklasse und die Mittelschicht vor allem in Küstenorten wie Porthaven, deren Marsch sich ausgezeichnet dazu eignet, Sternschnuppen zu fangen.

Der König von Ingari residiert in der reichen Hauptstadt dieses Märchenlandes, in der elegante Untertanen leben, die ihre Häuser mit Gold verzieren. Doch es herrscht kein Frieden in dieser wundervollen Welt, denn eine böse Hexe terrorisiert gemeinsam mit einem Dämon die gesamte Bevölkerung.

Einblick in das wandelnde Schloss

Die Tür, die in die magische Welt von Ingari führt, befindet sich am Rande einer verregneten Stadt im britischen Wales. In Rivendell, einem gelben Klinkerhaus mit großen Fenstern, das sich durch nichts von allen anderen Häusern in dieser Gegend unterscheidet, lebt der Magier Howl J. Pendragon, den seine Nachbarn für einen schrulligen Versager halten. Doch was sie alle übersehen, ist, dass man durch eine der Türen des gewöhnlichen viereckigen Hauses in ein bewegliches Schloss gelangt, das sich in einem – von einem guten König und einer bösen Hexe regierten – Königreich befindet.

Um nach Ingari zu reisen, musst du also zunächst den britischen, in der realen Welt als Howell Jenkins bekannten, Grießgram überreden, dich in seinem dunklen Schloss häuslich niederlassen zu dürfen. (Möglicherweise ist er gerade auf der Suche nach einer obsessiven Putzhilfe.) Wenn du das geschafft hast, wirst du von dem Inneren seiner Behausung zunächst schrecklich enttäuscht sein. Es handelt sich lediglich um die Innenräume seines bescheidenen Hauses von Porthaven, das nur von außen durch einen Zauber wie eine gewaltige Festung erscheint. Im schäbigen Hauptraum hängen Ketten aus Zwiebeln, Bunde von Kräutern und Bündel von seltsamen Wurzeln von den Dachbalken, während in Leder gebundene Bücher und Glaskolben neben einem grinsenden Menschenschädel liegen und auch sonst im ganzen Zimmer verteilt sind. Und im Kamin kannst du zwischen dem Knistern des Holzes einen lilafarbenen Mund sprechen hören. Doch hab keine Angst! Es ist nur der grantige Calcifer – ein Feuerdämon, der durch einen Vertrag an den Zauberer gebunden ist, und den du mit Holzscheiten versorgen musst, um ihn am Leben zu erhalten. Im Obergeschoss findest du zwei Schlafzimmer, von denen nur das des Zauberers ein Fenster besitzt, das zu Rivendell gehört.

Der Hauptraum verfügt über vier Türen. Durch die letzte gelangt man – je nachdem, welcher Farbtupfer des hölzernen Knaufs gerade nach unten zeigt – nach Wales, Kingsbury, Market Chipping oder auch in die Wüste, in der die böse Hexe lebt.

Wenn du diese falsche Festung verlässt, kannst du sehen, wie sich ihr Äußeres wie ein hässliches und unheilvolles Wesen über dir erhebt. Die großen, kohlschwarzen Quader, aus denen es besteht, sind alle von unterschiedlicher Größe und Form, und hin und wieder stößt diese deformierte Masse rumpelnd schmutzig-graue Rauchfetzen aus seinen Türmen in den Himmel.

Erkunde Ingari

Diese fantastische Reise beinhaltet eine Tour quer durch Ingari, wo Vogelscheuchen sprechen können, Kleider verzaubert sind und Hexen Verliebte in Hunde verwandeln. Mit den Siebenmeilenstiefeln kannst du pro Schritt zehneinhalb Meilen zurücklegen, oder du verwandelst dich mittels eines Samtumhangs in einen Greis. Flaniere entlang der geschwungenen Hafenmauer von Porthaven, um den teuflischen Nixen mit ihren grünbraunen Haaren und dem schwarzen Ungeheuer mit Klauen nachzuspionieren. Schlendere durch die Straßen des florierenden Market Chipping, das berühmt ist für seinen verzauberten Hutladen, der mittlerweile zu einem Blumenladen umfunktioniert wurde. Hier werden Palmen verkauft, die nach Zwiebeln riechende Nüsse hervorbringen. Im prächtigen Königspalast von Kingsbury kannst du um eine Audienz beim König bitten, der unentwegt in Sorge über den bevorstehenden Krieg mit Ober-Norland und Strangia ist.

Du bist ein tollkühner Abenteurer? Dann solltest du zum Abschluss noch die Wüste besuchen, an deren Grenze die Königlichen Zauberer Blumenfelder angelegt haben, um die Hexe zu vertreiben. In südöstlicher Richtung befindet sich das von dieser Harpyie kontrollierte Gebiet – eine sengend heiße Wüste, aus der sich eine aus Tausenden von körnigen Blumentöpfen gelben Sandes geformte Festung aus gezwirbelten kleinen Türmen erhebt.

Schon gewusst?

✳ Das Haus Rivendell hat seinen Namen von dem Zufluchtsort der Elben in *Der Herr der Ringe*.

✳ Eines der Pseudonyme des Magiers (Pendragon) kommt vom Nachnamen König Arthurs.

✳ Im Englischen heißt die Hexe der Wüste *the Witch of the Waste*, ein möglicher Verweis auf *the Witch of the West* (die Hexe des Westens) aus *Der Zauberer von Oz*.

✳ Die Filmadaption von Hayao Miyazaki (2004) machte das sich bewegende und fliegende Schloss international berühmt.

Capricorns Dorf

Tintenherz von Cornelia Funke (2003)

Du träumst davon, dass die Protagonisten deiner Lieblingsgeschichten zum Leben erwachen? Lass es bleiben! Das Erscheinen literarischer Figuren in unserer Welt hat zu einem der größten diplomatischen Konflikte aller Zeiten geführt. Möchtest du hingegen gegen Romantyrannen kämpfen, die sich auf unserem Planeten niedergelassen haben, dann bist du hier goldrichtig! Brich am besten gleich nach Italien auf, um dich Capricorn und seinen Schergen zu stellen.

Diese Verbrecher, die dem siebten Kapitel von *Tintenherz* entkommen sind, weigern sich doch tatsächlich, in ihre Geschichte zurückzukehren, und rechtfertigen sich damit, dass diese voller Feen mit zirpenden Stimmen und krummbeiniger Kobolde sei. Angeführt vom sadistischen Capricorn ziehen diese aus der fantastischen Welt stammenden Schurken gen Norden, um dort den Sommer zu verbringen – auch wenn sie sich in ihrem Versteck im Süden wesentlich sicherer fühlen, wo sie noch nie von der Polizei behelligt wurden und nach ihren eigenen Gesetzen leben. Und exakt dorthin, in den Süden Italiens, müssen sich auch die mutigen Kämpfer für die Gerechtigkeit begeben: Nahe der Küste befindet sich Capricorns Dorf, ein gespenstischer und verlassener Ort, der auf keiner Karte zu finden ist. Halb zerstört von einem Erdbeben, das vor mehr als hundert Jahren gewütet hat, lebt dort nicht nur die teuflische Bande, sondern auch einige versklavte Frauen, die die täglich anfallende Hausarbeit verrichten.

Anreise zu Capricorns Dorf

Es ist an der Zeit, diese Verbrecher zu bezwingen, die die Angst austragen wie schwarze Post: Sie schieben sie unter Türen und in Briefkästen, pinseln sie an Mauern und Stalltüren. Triff dich vor Beginn deines Abenteuers zunächst mit den anderen Unerschrockenen bei Tante Elinor. Zu diesen gehören auch Staubfinger (ein Feuerspucker) und sein Haustier Gwin (ein kleines, pelziges Tier mit Hörnern). Lass nicht zu, dass dich Tante Elinors Haus einschüchtert: Hunderte geschlossener Fensterläden und das riesige Eisentor wirken nicht gerade einladend, aber immerhin ist das Haus bis in den letzten Winkel voller Bücher. Allerdings bleibst du nur für ein paar Tage, ehe du dich auf den Weg zu Capricorns dreihundert Kilometer entfernt liegendem Versteck machst.

†††

Lass dich von dem Absperrgitter, das deine Weiterfahrt behindert, nicht aufhalten! Es dient nur dazu, diese Gauner vor neugierigen Blicken zu schützen. Sobald du dich auf der Hügelkuppe befindest, kannst du in der Ferne das verfluchte Dorf ausmachen, in dem selbst die Mägde den bösen Blick haben.

Überblick über Capricorns Dorf

Wir bedauern sehr, dass du dich nun in diesem in Dunkelheit versunkenen Dorf befindest, doch jetzt ist nicht der richtige Moment, sich zu beklagen: Du musst den Anführer dieser Bande finden und ihm so schnell wie möglich eine neue Version seiner Erzählung vorlesen. Um dein Ziel zu erreichen, musst du dich unauffällig zwischen den alten Gemäuern bewegen, ohne die grausamen, stets schwarz gekleideten Wächter auf dich aufmerksam zu machen. Lauf bis zu dem einzigen gut beleuchteten Platz, von dem aus du einen Kirchturm mit einer rostigen Glocke sehen kannst. Setz deinen Weg fort, bis du auf ein Gebäude stößt, das im Vergleich zu den anderen Häusern aus grauem, grob behauenem Stein noch imposanter und größer wirkt. Dies ist der Ort, an dem sich die Verbrecher verstecken. Betrete ohne ein Wort zu sagen das Wohnzimmer, um Capricorn zu beobachten, der eine Schwäche für Stühle hat, die zu klein für ihn sind. Als großer Verfechter des Düsteren kommen nur Kerzen in alten silbernen Leuchtern zum Einsatz, um diesen großen, nahezu unmöblierten Raum zu erhellen. Wenn du dich über ein unästhetisches Gemälde amüsieren möchtest, geh einfach in den Keller mit den roten Wänden, in deren Mitte ein groteskes, goldgerahmtes Porträt Capricorns hängt.

Mit etwas Glück kannst du Capricorn bei einem Überraschungsangriff überwältigen – wobei stets die Möglichkeit besteht, dass du in einem der Verschläge mit den niedrigen Decken endest, die hinter der Kirche liegen; oder in einem der Zimmer seines Hauses, in denen es nur zwei schmale Metallbetten, alte Möbel und eine Kerze gibt. Doch es kann noch viel schlimmer kommen! Die größten Unglücksraben werden in Käfige gesperrt oder in etwa fünf Metern Höhe in Netze gehängt.

Solltest du entführt werden und kein Interesse daran haben, eines grauenvollen Todes zu sterben, musst du verhindern, in die Teufelskirche gebracht zu werden. Zwei Steinteufel schmücken das Portal dieses verwüsteten Gotteshauses, auf das zwei rote Augen gemalt wurden. Doch das ist noch nicht das Grauenerregendste! Sämtliche Innenwände sind zinnoberrot, und die Figur eines Engels mit Teufelshörnern in einer Ecke sorgt für eine noch düsterere Stimmung. Fliehe bei der erstbesten Gelegenheit und lies Capricorn die neue Version seiner Geschichte vor, bevor er noch mehr Unheil anrichten kann.

Auf gar keinen Fall solltest du jemals wieder eine Geschichte laut vorlesen! Wenn du noch mehr solcher Persönlichkeiten wie Tinker Bell dabei hervorbringst, stiftest du nur noch mehr Chaos.

Konsequenzen dieses Abenteuers

Nach dem Sieg über diese Schurken tauchen alle Lebewesen wieder auf, die zuvor von Capricorns Kumpanen getötet wurden. Deshalb musst du danach folgenden Lebewesen Asyl gewähren:

† Einem stotternden Vorleser.

† Dreiundvierzig blauhäutigen Feen.

† Vier Kobolden.

† Dreizehn Glasmenschen.

Die bekannte Welt

Game of Thrones, oder *Das Lied von Eis und Feuer* von George R. R. Martin (1996)

Politische Intrigen und Verschwörungen! Verfeindete Herrscherhäuser! Ins Exil verbannte Prinzessinnen, blutrünstige Krieger, Aristokraten und eine Unzahl an Bastarden! Wenn dich dieses verkommene Land reizt, solltest du das fantastische Universum bereisen, dessen Name unbekannt ist und in dem die Jahreszeiten Jahrzehnte dauern können. Die kriegerische Welt, umgeben von rauen, mit Inseln gespickten Meeren, setzt sich aus drei riesigen Kontinenten zusammen: Westeros, Essos und das weitestgehend unerforschte Sothoryos, von dem nur die gefährliche Nordküste mit ihrem undurchdringlichen Dschungel und den von Geistern bewohnten Städten kartografiert wurde. Beinahe das gesamte Gebiet des im Nordosten liegenden Westeros gehört zu dem souveränen Staat der Sieben Königslande, welche neun Gebiete umfassen: der Norden, die Flusslande, das Grüne Tal von Arynn, die Eiseninseln, die Westlande, die Weite, die Kronlande, die Sturmlande und Dorne. Auf diesem reichen Kontinent der überwältigenden Festungen befindet sich auch das frostige Land Jenseits der Mauer, in dessen Verfluchtem Wald und feindseligen Gebirgsketten der Frostfänge die Wildlinge leben.

Von Westeros durch die stürmische Meerenge getrennt liegt Essos, der größte aller Kontinente! Er setzt sich zusammen aus den Freien Städten, der Sklavenbucht, den weiten Ebenen der Dothraki und den verbannten Völkern.

Westeros erkunden

Du möchtest die Sieben Königslande ergründen? Dann musst du höllisch aufpassen, nicht ermordet zu werden, und niemals in die barbarischen Lande im äußersten Norden vorzudringen, die sich vom Meer der Abenddämmerung bis zum zitternden Meer erstrecken. Denn dort verbergen sich Warge, Riesen und die Anderen – teuflische, aus Eis bestehende Gestalten. Drei Festungen und eine gigantische, mehr als zweihundert Meter hohe Mauer schützen die zivilisierten Völker. Verteidigt wird das Bauwerk von den Brüdern der Nachtwache, ein seit Urzeiten bestehender Orden aus Geächteten. Weit nördlich der Mauer befindet sich das Land des Ewigen Winters, das weitläufigste Gebiet der Sieben Königslande. Suche Schutz im schlichten Winterfell, der Hauptfeste der Nordmänner und Sitz des Hauses Stark. Diese labyrinthartige Burg wurde mit der Hilfe von Riesen erbaut!

Sollten dir dessen gewundene Tunnel, höhlenartige Krypten und sein zerbrochener Turm zu düster werden, kannst du auf dem Königsweg in die Hauptstadt der Sieben Königslande reisen: das dreckige Königsmund an der Ostküste. Eine halbe Million Menschen leben in dieser rechteckigen Stadt zwischen Hütten aus Holz und Lehm, Bordellen, Tavernen und lautem Markttreiben. Durchschreite seine Mauern durch eines seiner sieben Stadttore, doch meide unter allen Umständen Flohloch, denn dort werden die vom Unglück Verfolgten versuchen, dir Rattenfleisch oder Eingeweide von Ermordeten zu verkaufen. Erklimme Aegons Hohen Hügel – einen der drei Hügel, auf denen diese Metropole erbaut wurde –, um den Roten Bergfried zu besichtigen, den Sitz des Königs der Sieben Königslande und des Eisernen Throns. Achte darauf, dich nicht in diesem beeindruckenden Schloss aus hellem roten Stein zu verlaufen; es ist voller Geheimgänge, umfasst eine Vielzahl von Sälen, mindestens sieben Türme und einen Kerker, der sich über vier Ebenen erstreckt. Wenn du nicht den Rest deiner Tage in einer seiner düsteren Zellen verbringen willst, begehe am besten keinen Verrat oder ein anderes schweres Verbrechen. Stattdessen geh lieber hinunter zur Schwarzwasserbucht: Es ist an der Zeit, das Meer der Abenddämmerung mit Kurs auf Essos zu überqueren, das tragischerweise für seine Piraterie berüchtigt ist.

▲▲▲

Wenn du ausschließlich an einer Burgentour interessiert bist, bleib lieber noch eine Weile in Westeros! Hunderte von Festungen sind über den gesamten Kontinent verteilt: von Harrenhal, der größten

aller Festungen der Sieben Königslande, die sich in den Flusslanden befindet, bis zu Casterlystein, dem Sitz des Hauses Lennister und auf Boden erbaut, der unvorstellbare Schätze birgt (Westlande).

Anreise nach Essos

Du hast die Überfahrt in den Osten überlebt? Dann geh in einer der vier mächtigen Freien Städte an der Küste – Braavos, Pentos, Myr oder Volantis – vor Anker und probiere dort unbedingt gebratenes Pferdefleisch mit Honig und Paprika sowie gegorene Stutenmilch. Zusätzlich zu diesem kulinarischen Highlight solltest du dich mit herrlichen Gewändern aus Samt und Damast eindecken oder dir vielleicht sogar ein paar schuppige Dracheneier besorgen! Denn diese intelligenten Wesen können mehr als ein Jahrhundert in ihren Schalen verbringen, während sie auf die benötigte Wärme warten, um schlüpfen zu können.

Im Osten der Freien Städte befindet sich das Dothrakische Meer – eine weite, von mehr als mannshohen Gräsern bedeckte Ebene.

Es gibt nur eine einzige Stadt in dieser Wildnis: Vaes Dothrak. Dort verehrt man den Großen Hengst, weshalb du auch die beeindruckenden Pferdestatuen bewundern und ein Pferd erstehen solltest – um damit frei über diesen ungezähmten Kontinent zu traben.

Schon gewusst?

In dieser Saga gibt es nicht nur Drachen, sondern auch Löwenechsen, Mammuts und Kraken!

Tales of Dunk and Egg (Der Heckenritter von Westeros) ist eine Serie von Kurzgeschichten von George R. R. Martin, die im gleichen Universum spielen wie *Das Lied von Eis und Feuer* – jedoch etwa neunzig Jahre früher.

Zu den Lieblingsbüchern des Autors zählen *Der Herr der Ringe* und *Der Magier der Erdsee*

Außerdem ist er ein Fan von Arthur Conan Doyle und den Legenden von König Arthur.

Neu-Peking

Wie Monde so silbern von Marissa Meyer (2012)

Sehnst du dich nach einer Reise in eine futuristische Dystopie, in der es unmöglich ist, seine Mitmenschen zu töten? (Wenn du es jedoch ganz im Gegenteil nicht erwarten kannst, dich auf einen Todeskampf mit einer Gruppe Erwachsener einzulassen, dann sieh dir die Seiten 76 und 104 genauer an.) Bist du neugierig auf einen Blick auf den Planeten nach dem Vierten Weltkrieg? Möchtest du ein futuristisches Aschenputtel kennenlernen? Dann ist es entschieden: Dein Ziel ist Neu-Peking. In dieser Metropole drängen sich gigantische Bürogebäude und Einkaufszentren, eingezwängt zwischen monströsen Wohnhäusern aus Beton und Glas. Inmitten dieses Panoramas erhebt sich der Königspalast, das einzig würdevolle Gebäude der Stadt. Regiert von Seiner Majestät Kaito nach dem Tod des Kaisers Rikan im Jahr 126 D. Z., leben die Menschen hier Seite an Seite mit Cyborgs (die als Bürger zweiter Klasse angesehen werden) und Androiden. Die chaotische Stadt ist die Hauptstadt des Asiatischen Staatenbundes, der gemeinsam mit dem Vereinigten Königreich, der Europäischen Föderation, der Afrikanischen Union, der Amerikanischen Republik und Australien die Union Erde bildet, bedroht von der lunaren Krone. Trotz des technologischen Fortschritts (Netzbildschirme! Hover! Künstliche Hände mit Taschenlampen, Stiletten, Pistolen, Schraubenziehern und Universalkabeln!), wird die Union von einer tödlichen Letumosepandemie heimgesucht.

Vorbereitungen auf den Besuch von Neu-Peking

Da die Erdbewohner kein Gegenmittel für die Letumose haben, die von der verräterischen Mondkönigin auf die Erde gebracht wurde, ist es unmöglich, einen Ausbruch des Blauen Fiebers zu überleben. Das erste Mal im Mai 114 D. Z. in der Afrikanischen Union aufgekommen, tötet diese Pest die Infizierten innerhalb weniger Tage. Bei dem geringsten Anflug von bläulichen Flecken an irgendeinem Passanten musst du umgehend einen Rettungshover rufen. (Vergiss nicht, die Notfallnummer in deinem Portscreen abzuspeichern!) Such dir einen Unterschlupf, wenn du die Sirene hörst, die einen neuen Ausbruch verkündet. Und wenn du nicht verbrennen willst – halte dich von den Rettungstrupps fern, die mit Gasmasken geschützt in den betroffenen Gebieten Feuer legen.

Auf keinen Fall darfst du den Quarantänestationen zu nahe kommen, die sich zwanzig Kilometer außerhalb der Stadt im Industrieviertel befinden.

Wie man in der Metropole überlebt

Neu-Peking ist eine abgelebte Stadt mit verwahrlosten Straßen voller Abfall über die Stromkabel und Wäscheleinen gespannt sind und an deren Betonwänden wilder Wein rankt. Die gewaltigen Wohnblöcke sind ständig im Umbau, um immer mehr Menschen unterzubringen. Das Netscreen-Geschnatter, das durch die Gebäude schwappt, hört niemals auf. Immerhin können seine Gerüchte nützlich sein, um kontaminierte Gebiete zu meiden.
Wenn du an dem Erwerb von typischem Krimskrams des Ostens der Nach-Vierten-Weltkriegs-Zeit interessiert bist oder dir von irgendeinem Gauner irgendein Körperteil für sechshundert Univs andrehen lassen möchtest, solltest du unbedingt den von schmalen Hochhäusern aus blauem Glas und Chrom gesäumten Wochenmarkt besuchen. Zwischen Roboterkaufleuten und Einwanderern vom Mond kannst du dort einen Androiden reparieren lassen, einen alten Netscreen verkaufen oder einige Meter Seide kaufen – falls du vorhast, am Ball teilzunehmen. Dafür müsstest du dir aber außerdem noch ein Siliziumfach und biologisches Gewebe in die Wade und ein Netzhaut-Display (das neueste Modell beinhaltet ein orangefarbenes Licht, das flackert, wenn jemand lügt!) implantieren lassen. Du möchtest dem Gedränge entgehen? Dann

komm erst in den frühen Morgen- oder in den späten Abendstunden zum Markt, denn in der Zwischenzeit herrscht großer, von Kindern, Straßenhändlern und feilschenden Käufern verursachter Trubel auf dem Platz.

Wenn dich der ganze Schmutz mitnimmt, besuch lieber den prachtvollen Königspalast von Neu-Peking, der sich auf einer Klippe hinter der Stadt erhebt. Ruf dir per Tele einen Hover, wenn du dich in seinen gestaffelten Pavillons mit den spitzen Golddächern, die orange in der Sonne glitzern, und in seinen verzierten Giebeln vergnügen möchtest. Allerdings musst du dir zunächst einen Chip auf dem Schwarzmarkt kaufen, um die Identitäts-Scanner zu überlisten. Vermeide in der kaiserlichen Residenz unbedingt ein Zusammentreffen mit der Mondkönigin Levana oder der ersten Thaumaturgin Sybil, denn diese sind in der Lage, Personen mittels bioelektrischer Energie zu manipulieren.

Trage niemals einen Spiegel bei dir, wenn du nicht hingerichtet werden willst! Die bösen Lunarier hassen spiegelnde Oberflächen, da diese ihre Lügen enthüllen.

Schon gewusst?

⬤ Die Reihe *Die Luna-Chroniken* besteht aus vier Büchern und einem Prequel. *Wie Monde so silbern* basiert auf dem Märchen *Aschenputtel*, während der Rest von *Rotkäppchen*, *Rapunzel* und *Schneewittchen* inspiriert wurde.

⬤ Marissa Meyer veröffentlichte auf der Leser- und Autoren-Community Wattpad drei zusätzliche Geschichten über diese Saga, dieses Mal basierend auf dem Märchen *Die kleine Meerjungfrau*.

⬤ Die Idee, Aschenputtel in einen Cyborg zu verwandeln, kam der Autorin durch einen absurden Gedanken: Was wäre, wenn die Fliehende anstelle eines Schuhs einen ganzen Fuß auf den Treppen verlieren würde?

⬤ *Wie Monde so silbern* spielt in China, da eine der alten Versionen von *Aschenputtel* im 9. Jahrhundert in diesem asiatischen Land geschrieben wurde.

Vom Auenland bis zum Einsamen Berg

Der Hobbit von J. R. R. Tolkien (1937)

Seit Menschengedenken begeben sich wagemutige Abenteurer auf die Suche nach in sagenumwobenden Burgen verborgenen, auf tropischen Inseln vergrabenen oder von boshaften Kobolden beschützten Schätzen. Wenn dich diese Art von Abenteuer reizt und du dein Glück versuchen willst, schließ dich den dreizehn Zwergen (die von Thorin Eichenschild und einem fünfzig Jahre alten Hobbit angeführt werden) auf ihrer Expedition zum Einsamen Berg an! Dort wollen sie ihren Schatz zurückholen, der ihnen von Smaug dem Goldenen – dem größten und gefährlichsten Drachen in ganz Mittelerde! – gestohlen wurde.

Im Jahr 2770 des Dritten Zeitalters kam dieses grausame gepanzerte Ungetüm aus dem Norden, um die fröhlichen Zwerge aus Erebor zu vertreiben. Doch mit der Eroberung des Berges allein gab er sich nicht zufrieden: Er stieg vom Hügel herab, zerstörte mit seinem Feueratem alles, was ihm in den Weg kam, und machte die geschäftige Stadt Thal dem Erdboden gleich. Er bezwang die Reiter, tötete die Zwerge und fraß die Damen, um sich am Ende all ihrer Schätze zu bemächtigen. Und eben dort liegt er seit mehr als hundertsiebzig Jahren auf Bergen von Gold, Juwelen und Silber.

Dennoch ist die mutige Gruppe kleiner Wesen fest entschlossen, den Schatz, der rechtmäßig ihnen gehört, zurückzufordern und die verlorenen Wohnstätten zurückzuerobern – auch wenn

sie hierzu das Nebelgebirge überqueren, den Düsterwald betreten und bis Seestadt fahren müssen. Und das ist keine leichte Route! In ganz Mittelerde ist bekannt, dass auf diesen Wegen Trolle, Kobolde, Riesenspinnen und Elben hausen.

Die Reise nach Seestadt (Esgaroth)

Reise zunächst nach Beutelsend in Hobbingen im Auenland. In der Nachbarschaft des friedlichen Bühls, in einer gemütlichen Hobbithöhle mit getäfelten Wänden und mit Teppich ausgelegten Böden, erwarten dich die kühnen Reisenden und ein Zauberer mit Hut.
Nachdem du das weite und herrliche Hobbitland hinter dir gelassen hast, durchquerst du die bedrückenden Leeren Lande, in denen düstere Schlösser ihre Schatten werfen und es weder Menschen noch Gasthäuser gibt. In dem Wald leben Trolle, die Menschenfleisch außerordentlich schätzen. Verlasse baldmöglichst ihre Höhlen voller Knochen ihrer früheren Opfer und wähle fortan nur noch gut beleuchtete Pfade, denn die niederträchtigen Trolle haben eine große Schwäche: Im Sonnenlicht verwandeln sie sich in Stein. Am Ende des Waldes stößt du auf tiefe Schluchten und eine karge, heidefarbene Landschaft mit zerklüfteten Felsen. Doch inmitten dieser Trostlosigkeit befindet sich das geheime Tal von Bruchtal (auch Rivendell genannt), in dem das durch Elbenbeschwörungen geschützte Letzte Heimelige Haus steht. Nutze die Zeit dort, um neue Kraft zu tanken, denn dies ist der letzte friedliche Ort auf deinem Weg zur Stadt. Waghalsige setzen ihre Reise fort und überqueren das riesengroße Gebirge, in dem keine Könige regieren. Den Steinriesen dort kannst du leicht ausweichen – nicht aber den Orks, die in großer Zahl in den Tiefen des Nebelgebirges leben. Diese widerwärtigen Wesen – Erfinder von Maschinen, die mit einem Schlag Massen von Lebewesen vernichten können! – hausen in schmutzigen Gängen, aus denen nur jene Unglückseligen entkommen können, die sich des magischen Rings bemächtigt haben. (Du findest ihn nahe eines unterirdischen Sees, der von widerlich schleimigen Tieren mit großen, blinden Glotzaugen bevölkert wird.) Falls du die Orks überlebst, erwarten dich bereits die wilden Warge – üble Wölfe von dieser Seite der Einödgrenze, denen du auf dem Rücken des Fürsten der Adler entkommen kannst. Dieser edle Vogel bringt dich zur Großen Platte am Rande des Düsterwalds, durch den ein wassereicher Fluss fließt, der schläfrig und vergesslich macht. Auch wenn dieser unermessliche Wald von argwöhnischen Elben und Riesenspinnen bewohnt wird, ist die angrenzende, von Orks und Großorks bevölkerte Wildnis noch um einiges gefährlicher.

**Am besten lässt du dich von den Waldelben gefangennehmen,
denn es gibt keinen schnelleren Weg nach Esgaroth. Schleich dich
durch ihr Verlies und versteck dich in den Fässern, die sich über
den Waldfluss auf den Weg in Richtung Langer See machen.**

Von Esgaroth bis zum Schatz

Endlich hast du Esgeroth erreicht! Nachdem du wieder zu Kräften gekommen bist, musst du über den Fluss Eilend rudern, bis du die vom Drachen verwüstete Einöde am Fuße des Einsamen Berges erreichst. Betrete das Versteck mit größter Vorsicht und wecke nicht seinen Zorn. Sonst kann es geschehen, dass das gigantische, geflügelte Reptil Kurs auf die Stadt nimmt, um alle seine Bewohner zu vernichten. Auch wenn Smaug besiegt ist, wird die Aufteilung der Reichtümer einen Krieg provozieren, denn alle Geschöpfe neigen zu Egoismus.

**Wenn dir kein Unheil geschehen soll, schnapp dir deinen Teil des
Schatzes und kehre schnellstmöglich auf die Erde zurück.**

Schon gewusst?

- J. R. R. Tolkien und C. S. Lewis, der Autor von *Die Chroniken von Narnia*, waren gute Freunde.

- Wie viele große Werke der Fantasy wurde auch *Der Hobbit* von J. R. R. Tolkien zur Unterhaltung seiner Kinder geschrieben.

- Das Wort »Hobbit« ist keine Erfindung des Autors: Es wurde im Jahr 1863 ins Oxford Dictionary aufgenommen.

- In der Erzählung spielen Frauen nur eine untergeordnete Rolle.

Panem

Die Tribute von Panem von Suzanne Collins (2008)

Oh, Panem! Diese Nation – laut Ranking eines der gefährlichsten der Fantastischen Länder, die du niemals besuchen solltest – befindet sich in einem postapokalyptischen Nordamerika. Das Kapitol (die Festungsstadt mit 96.463 Einwohnern, von der aus exzentrische Tyrannen die Nation regieren) liegt in den ehemaligen Rocky Mountains – einer Bergkette, die sich vor dem Ende der modernen Zivilisation zwischen Kanada und den Vereinigten Staaten erstreckte.

Panem ist in dreizehn Distrikte unterteilt. Wie es in einigen Dystopien der Fall ist, variiert das Armutsniveau je nach Bezirk, und die ärmsten Gebiete enden an einem unter Strom stehenden Maschendrahtzaun mit Stacheldrahtrollen am oberen Ende.

Das genaue Gründungsdatum von Panem (von dem lateinischen Ausspruch *»Panem et circenses«*, übersetzt »Brot und Spiele«) ist nicht bekannt, auch wenn man annimmt, dass es irgendwann zwischen dem Jahr 2100 und dem neuen Jahrtausend liegen muss. Auch der genaue Grund für das Ende der Welt ist nicht überliefert, da keine schriftlichen Quellen dieser tragischen Epoche erhalten geblieben sind. Doch einige glauben, dass der Klimawandel und eine Serie kriegerischer Auseinandersetzungen die Auslöser gewesen sein müssen. Da Panem nur etwa vier Millionen Einwohner hat, lässt sich lediglich mit Sicherheit sagen, dass mehr als 99 Prozent der nordamerikanischen Bevölkerung während der Apokalypse ums Leben gekommen sind.

Anreise nach Panem

Da es sich um eine Parallelwelt handelt, kann man nicht vorhersehen, in welcher Epoche Reisende landen. Du könntest während der Dunklen Tage, den 74. Hungerspielen, dem Jubeljubiläum oder während der Zweiten Rebellion ankommen. Jugendlichen zwischen zwölf und neunzehn Jahren raten wir von einem Besuch ab, da die Regierung diese dazu zwingt, an der Ernte teilzunehmen und in der Arena um ihr Leben zu kämpfen. Falls du dich dennoch dazu entschließt, nach Panem zu reisen, hüte dich davor, unter die Rebellen und in das Gebiet außerhalb des Kapitols zu geraten. Auch außerhalb von Panem scheint keine Zivilisation überdauert zu haben, und es ist möglich, dass du beim Überqueren der Grenze auf große Wassermassen stößt.

Der beliebteste Ort des Kapitols ist der Zentrale Platz der Stadt, wo sich das Anwesen des Präsidenten und das Trainingscenter befinden. An diesem gut besuchten Ort kannst du das extravagante Äußere der Einheimischen bestaunen, die große Liebhaber des Hautfärbens und des Implantierens von Edelsteinen, Schnurrhaaren und Krallen sind. Außerdem ist dies der ideale Stadtteil, um Restaurants zu besuchen oder sich eine Perücke zu kaufen. Wenn du dich für Mode begeisterst, solltest du den Laden von Tigris besuchen.

Du möchtest dich vom Zentrum abwenden oder die Hauptstadt sogar ganz verlassen? Dann geh nicht über die reichsten Distrikte (1, 2, 5) hinaus und übernachte in einem der luxuriösen Häuser im Dorf der Sieger, in denen es ein Arbeitszimmer, einen Keller, ein Wohnzimmer und mehrere Schlafzimmer gibt, in denen Reisende untergebracht werden können.

Flora und Fauna

Lass dich gegen Stiche von Insekten unterschiedlichster Mutationen impfen, ehe du nach Panem aufbrichst – und trage für den Fall eines Insektenstichs zusätzlich ein Gegenmittel bei dir. Auch Medikamente solltest du dir *vor* deiner Abreise besorgen, da die Preise in Panem nach der Apokalypse unerschwinglich sind.

Nimm dich vor allem vor den giftigen Schmetterlingen mit ihren Stacheln, den goldenen, flauschigen, aber Fleisch fressenden Eichhörnchen, den bonbonrosafarbenen Vögeln mit den langen, dünnen Schnäbeln, den Affen mit den scharfen Krallen und den nach Rosen riechenden Reptilien in Acht. Solltest du von einer Jägerwespe aufgespürt werden, musst du dich in einem geschlossenen Raum oder unter Wasser vor ihr verstecken. Die einzige Möglichkeit, einen solchen Stich zu überleben, ist, auf dem Boden nach der einheimischen Pflanze zu suchen, die das Gift aufsaugt.

Wenn du dich auf der Suche nach ihr in den Wald begibst, erfreue dich an dem Gesang der Spotttölpel (nicht zu verwechseln mit den Schnattertölpeln!) und iss auf keinen Fall irgendwelche Beeren: Es könnten Nachtriegel sein, die dich auf der Stelle töten würden.

Die Distrikte von Panem

Distrikt 1	…………	Stellt Luxuswaren für das Kapitol her.
Distrikt 2	…………	Spezialisiert auf Bergbau und Arbeit mit Stein. Dort werden Waffen hergestellt.
Distrikt 3	…………	Technologischer Distrikt, mit Computer- und Fernsehfabriken.
Distrikt 4	…………	Seine Bewohner sind in der Fischerei tätig.
Distrikt 5	…………	Experten für Energie. Sie beliefern die gesamte Nation mit Strom.
Distrikt 6	…………	Produziert Autos.
Distrikt 7	…………	Aufgrund des hohen Baumvorkommens wird dort mit Holz gearbeitet.
Distrikt 8	…………	Widmet sich der Textilverarbeitung.
Distrikt 9	…………	Baut Getreide an.
Distrikt 10	…………	Viehzucht.
Distrikt 11	…………	Landwirtschaft.
Distrikt 12	…………	Der ärmste Distrikt; widmet sich dem Kohlebergbau.
Distrikt 13	…………	Vor den Dunklen Tagen der Distrikt des Grafitbergbaus und der Atomtechnologie.

Phantásien

Die unendliche Geschichte von Michael Ende (1979)

Die Kindliche Kaiserin ist krank! Phantásien ist dabei zu verschwinden! Du willst verhindern, dass die Monarchin stirbt und sich mit ihr auch ihr Universum auflöst? Dann beeil dich, denn seit die Regentin das Bett hüten muss, wird ihr aus einer Vielzahl von Ländern und keinerlei Grenzen bestehendes Königreich vom Nichts verschlungen!

Viel weiß man nicht über dieses ungewöhnliche Phänomen – nur, dass alles damit begann, dass ein riesiger Felsenbeißer, ein Nachtalb, ein Winzling und ein Irrlicht das Verschwinden des Sees Brodelbrüh im Osten des Reiches meldeten. Tatsächlich konnten Schaulustige wie Experten, die den Ort des Geschehens besuchten, feststellen, dass der weitläufige See weder einfach ausgetrocknet war, noch sich nun an seiner Stelle dort ein Loch befand, sondern dass dort einfach gar nichts mehr war. Und dieses Nichts ist weder Dunkelheit noch Verwüstung, sondern eine absolute Abwesenheit, als wenn man blind wäre, wenn man darauf schaut.

Um Phantásiens Untergang zu verhindern, benötigt die in ihrem Elfenbeinturm dahinsiechende Kindliche Kaiserin die Unterstützung eines hilfsbereiten Erdbewohners. Und sämtliche Kreaturen – von den grünhäutigen Helden des Gräsernen Meers, den zankenden Gnomen des Südlichen Orakels bis zu den Glücksdrachen aus den Toten Bergen – befürchten, es könnte bereits zu spät sein, das Nichts aufzuhalten.

Kreaturen und Regionen in Phantásien

Willkommen, gütiger Forschungsreisender! Bevor du diese Reise antrittst, musst du wissen, dass es nicht einfach ist, sich in Phantásien zurechtzufinden, da die Fantasie die Landschaft dieses friedlichen Landes ständig verändert. Wir als deine bescheidenen Reiseführer können keine Verantwortung für die Widersprüche übernehmen, die während der Reise auftreten können.

Wenn das Schicksal es so will, musst du das gesamte Königreich durchqueren, bevor du dich der Kindlichen Kaiserin vorstellen kannst. Sei extrem vorsichtig auf deinem Weg, denn das Nichts zieht all die unerschrockenen Reisenden in sein Inneres, die es wagen, es zu betrachten. Außerdem können jene, die sich ihm nähern, das ein oder andere Körperteil verlieren (es tut nicht weh, es fehlt einem eben nur etwas).

Höchstwahrscheinlich landest du zunächst im Gräsernen Meer und somit mehrere Tagesreisen vom Elfenbeinturm entfernt. Dort, in der weiten Prärie, leben die Grünhäute – tapfere Jäger, deren Ziel es ist, zu Helden zu werden. Von hier aus führt dich deine Reise über die Silberberge und das Land der Singenden Bäume (einem herrlichen Wald, der Durchreisende mit seinen wundervollen Klängen verzaubert), und nach einem weiteren harten Reisetag zu den Gläsernen Türmen von Eribo, deren gastfreundliche Bewohner das Sternenlicht auffangen und sammeln. Hier kannst du dich erst einmal erholen. Meide die Flammenstraßen der Stadt Brousch – bevölkert von merkwürdigen Geschöpfen, deren Leiber aus Feuer bestehen – und durchquere den Haulewald ohne Furcht: Die Borkentrolle, die aussehen wie knorrige Baumstämme, treiben nur hin und wieder ein wenig Schabernack.

Reise weiter nach Norden, immer nach Norden, bis du die Sümpfe der Traurigkeit erreicht hast, die jeden, der durch ihre Tümpel voller Schwimmpflanzen und verkrümmter Bäume wandert, niedergeschlagen macht. Im Zentrum des moosbewachsenen Moores liegt der Hornberg, die Heimat der Uralten Morla. Unterhalte dich nicht zu lange mit ihr, denn sie ist ebenso weise wie unsozial.

Reise weiter bis zu den düsteren Toten Bergen, in dem nur schauderhafte Spinnen und mörderische Wölfe leben. Wenn du dich aber dem Tiefem Abgrund näherst und einen Glücksdrachen rettest, wird dieser dich rasch zum Wohnsitz der Kaiserin bringen.

Anreise zum Magnolien-Pavillon

Hast du erst einmal das große Labyrinth erreicht, das die Zentralregion Phantásiens umgibt, stehst du kurz vor dem Abschluss deiner Mission, denn dort lebt die unschuldige Kindliche Kaiserin mit ihrer blassen Haut und ihrem langen Haar inmitten eines riesigen Gartens voll farbenprächtiger Blumenbeete, Hecken und verschlungener Wege – der Besucher keineswegs abschrecken soll, denn die Monarchin Phantásiens fürchtet keine Feinde, und in ihrem Land ist jeder willkommen. Aus der Mitte des Labyrinths erhebt sich der spitze Elfenbeinturm – so groß wie eine Stadt! –, der sich aus unzähligen verschlungenen Türmen, Treppen und Kuppeln zusammensetzt. Verlaufe dich nicht auf den verworrenen Straßen voller entmutigter Schneegeister, Feen, Faune und Kobolde und gehe zu dem Portal, hinter dem sich eine glänzende Freitreppe verbirgt. Nachdem du diese erklommen, einen Hof voller Springbrunnen und einen Garten voller Elfenbeinstatuen durchquert hast und über bogenförmige Brücken ohne Geländer gekrochen bist, erreichst du den Magnolien-Pavillon, der so hoch ist, dass er bis in den Himmel zu reichen scheint. Inmitten dieser Blütenkuppel erwartet dich bereits, halb liegend in ihren weißen Polstern, die schöne Kaiserin.

✳✳✳

Du hast die junge Dame von ihrem Leid erlöst? Dann reise zum Südlichen Orakel und löse die Rätsel der drei magischen Tore – doch halte dich auf jeden Fall fern vom Gelichterland! Dieses wird von Hexen und Vampiren bewohnt und seine Hauptstadt Spukstadt scheint nur aus Geisterschlössern und Spukhäusern zu bestehen.

Weitere Kreaturen, die dir in Phantásien begegnen können

✳ Vier Windriesen, die ständig gegeneinander kämpfen.

✳ Feenärztinnen mit funkelnden Sternen im Haar.

✳ Sassafranier, die alt geboren werden und als Säuglinge sterben.

✳ Eisbolde, die sich so langsam bewegen, dass sie Jahre für einen einzigen Schritt benötigen.

Hogwarts

Harry Potter und der Stein der Weisen von J. K. Rowling (1997)

Willkommen in Hogwarts! Gegründet im Jahr 990 von Godric Gryffindor, Helga Hufflepuff, Rowena Ravenclaw und Salazar Slytherin, liegt die Hogwarts-Schule für Hexerei und Zauberei im Norden Englands, oberhalb des Dorfes Hogsmeade. Das majestätische Schloss ist umgeben von wunderschönen Gärten, in denen sich der See, der von Wassermenschen, Molchen und Grindelohs bewohnt wird, und das Gewächshaus befinden, in dem auch der Kräuterkunde-Unterricht abgehalten wird. Doch Hogwarts ist mehr als reine Büffelei! Direkt am See befindet sich das Quidditch-Feld mit seinen hoch angebrachten Ringen und Holztribünen, auf dem die Schüler ihrem Lieblingssport nachgehen können.

Weiter nördlich steht die Peitschende Weide, die einen Geheimgang in ihrem Inneren verbirgt. Noch ein Stückchen weiter markiert die Hütte des Wildhüters Hagrid die Grenze der Gärten zum Verbotenen Wald. Diesen zu betreten, ist den Schülern strengstens untersagt, denn dort leben Kreaturen wie Zentauren, Einhörner, Acromantulas, Thestrale und ein Riese namens Grawp.

Zu Beginn des dritten Schuljahres können die Schüler Hogsmeade besuchen, an dessen Bahnhof der am Gleis 9 ¾ des Bahnhofs King's Cross startende Hogwarts-Express seine Endhaltestelle hat. In diesem beschaulichen Dorf befinden sich *Schreiberlings Federladen,* der Süßwarenladen *Honigtopf* und der für sein Butterbier berühmte Pub *Drei Besen.*

Die Winkelgasse

Gratulation zu deinem Zulassungsbescheid! Doch ehe der Unterricht beginnen kann, musst du dir zunächst alle für den Unterricht notwendigen Materialien in der Winkelgasse besorgen, deren Engang sich im *Tropfenden Kessel*, einem Londoner Pub, befindet. Da jeder neue Magier einen Zauberstab braucht, führt dein Weg dich zuerst zu *Ollivander – Gute Zauberstäbe seit 382 v. Chr.* Bei *Flourish & Blotts* kannst du deine Bücher über Geschichte der Zauberei, Eulenkunde und Besenkunst kaufen, bei *Madam Malkin* Anzüge für alle Gelegenheiten und bei *Slug & Jiggers* alle Arten von Tränken, während in *Cranville Quinceys* magischem Kramladen Berge von Ramsch und bei *Scribbulus' Schreibwaren* Feder, Tinte und Pergament zu finden sind. Da es wie in Hogwarts auch hier nicht immer nur ums Lernen geht, gönn dir etwas Süßes von *Sugarplums Süßwarenladen*, ein Eis bei *Florean Fortescues Eissalon* oder einen magischen Scherzartikel bei *Freud und Leid – Laden für Zauberscherze*.

Keine Angst, wenn dir das Bargeld ausgeht: In der von Kobolden geleiteten Bank *Gringotts* kannst du Galleonen, Sickel und Knuts abheben!

Hogwarts erkunden

Um die anderen Schüler zu beeindrucken, solltest du lernen, dich so sicher und schnell wie ein Viertklässler im Schloss zu bewegen!

Dein Tag beginnt in den Schlafsälen deines Hauses, das Frühstück hingegen findet im Erdgeschoss in der Großen Halle statt, die von einer verzauberten Decke gekrönt wird. Nach dem Unterricht erreichst du deinen Gemeinschaftsraum über die beweglichen Treppen, die ständig ihre Richtung ändern und auf denen du dich mit den Menschen in den zweihundertfünfzig magischen Gemälden unterhalten kannst, die die Treppenhäuser säumen. Falls du ein Gryffindor bist, befindet sich dein Gemeinschaftsraum, gemeinsam mit den Schlafsälen, im siebten Stock des Schlosses, hinter dem Porträt der Fetten Dame (merke dir das Passwort, falls du nicht draußen bleiben willst!). Du solltest als einer der ersten eintreffen, um noch einen der weichen Sessel am Kamin zu ergattern.

Um zu den besten der Klasse zu gehören, musst du dich jeden Abend in die Bibliothek zurückziehen, wo du tunlichst keines der zehntausend Bücher stehlen solltest, die durch Zauberei gegen Diebstahl und Beschädigung geschützt sind. Wirst du zum Vertrauensschüler ernannt, erhältst du das Passwort für das luxuriöse Badezimmer im fünften Stock, ganz in der Nähe der Statue von Boris dem Bekloppten. Eine Badewanne, die so groß ist, dass sie eher wie ein leerer Swimmingpool aussieht, mit Wasserhähnen, aus denen unterschiedlich farbiges Wasser kommt, beherrscht das Bad. Das einzige Gemälde im Raum zeigt eine Meerjungfrau, die dafür bekannt ist, die Schüler zu bezirzen, wenn sie wach ist, und die der anderen Bewohnerin des Bades, der Maulenden Myrte, nicht sonderlich sympathisch ist.

Wenn du Heimweh bekommst, steige hinauf zur Eulerei, wo du deine Nachricht an einen der Raubvögel übergeben kannst, der sie zu dir nach Hause fliegt.

Du befindest dich in einer Notlage? Der sich ständig wandelnde Raum der Wünsche verwahrt, was du benötigst, und zeigt sich, wenn du ihn brauchst.

Magische Süßigkeiten

Sowohl Hogsmeade als auch Hogwarts sind für ihre magischen Delikatessen bekannt:

- Bertie Botts Bohnen jeder Geschmacksrichtung, zum Beispiel: Ohrenschmalz, Gras oder Erdbeere.

- Sirupbonbons.

- Schokofrösche mit Sammelbildern von berühmten Hexen und Zauberern.

- Zuckerwattefliegen.

- Druhbels bester Blaskaugummi, mit dem man Blasen machen kann, die tagelang durchs Zimmer schweben, und das außerdem niemals seinen Geschmack verliert.

- Pfefferkobolde, die dich Feuer speien lassen.

- Zischende Wissbies – magische Brausekugeln, die den, der sie lutscht, kurz abheben lassen.

Narnia
Der König von Narnia von C. S. Lewis (1950)

Du möchtest deinen Problemen – oder der verärgerten Haushälterin – aus dem Weg gehen? Dann suche Zuflucht in Narnia. Erschaffen wurde dieses frostige Land im Jahr 0 vom großen Löwen Aslan, König des Waldes und Sohn des Großen Königs jenseits der Meere. Jahrzehntelang lebten hier sprechende Tiere und mythologische Wesen in Harmonie miteinander, bis die Weiße Hexe Jadis sich im Jahr 900 – ohne jedes Recht! – selbst zur Königin von Narnia ernannte. Die schöne Tyrannin – zur Hälfte Dschinn, zur Hälfte Riesin – verwandelt ihre Untertanen in Stein, begeht unvorstellbare Gräueltaten und versetzte Narnia in einen nicht endenden Winter, in dem es nie Weihnachten wird. (Während der Befreiung war dann auch der Weihnachtsmann unter den ersten, die aufbrachen.) Glücklicherweise gelang es den Pevensie-Geschwistern – den rechtmäßigen Thronerben – die Weiße Königin und ihre Anhänger nach hundertjähriger Diktatur zu besiegen und den Frieden zurück in dieses liebenswerte Land zu bringen.

Ende des ersten Jahrtausends befand sich am Eingang zu Narnia eine Laterne, und das Schloss Cair Paravel, berühmt für seine vier Throne, erhob sich am Östlichen Meer. Im Norden lag das Haus der falschen Königin, das nur aus Türmen mit langen Spitzdächern zu bestehen schien, die wie riesige Zaubererhüte aussahen. Ein eisiger Fluss floss durch dieses von Stieren mit Menschenköpfen, Faunen, Dryaden, Najaden, Zwergen, Zentauren und Einhörnern bewohnte Land.

Anreise und Sehenswürdigkeiten

Der Zugang zu dieser fantastischen Welt ist nicht beständig, befand sich jedoch im Jahr 1940 in einem Kleiderschrank, der in einem leeren Raum eines englischen Wohnhauses stand. Wenn du Glück hast und das alte Landhaus noch immer steht, findest du es zehn Meilen vom nächsten Bahnhof und zwei Meilen vom nächsten Postamt entfernt. Ehe du das Jahr 900 Narnianischer Zeitrechnung betrittst, solltest du dir ein paar gute Stiefel anziehen, damit du nicht im Schnee ausrutschst. Steige in den Kleiderschrank und laufe vorsichtig geradeaus, um die Zweige der Bäume nicht mit den im Schrank hängenden Fellmänteln zu verwechseln. Im eisigen Wald angekommen, erreichst du nach etwa zehn Minuten eine Laterne, die aus einem Stück einer Londoner Laterne gewachsen ist, das die Weiße Hexe vor langer Zeit aus dieser herausgerissen hatte. Geh weiter nach Norden, um Herrn Tumnus zu besuchen, einen in einer Felshöhle lebenden Faun mit glänzend schwarzem Fell, kurzem Spitzbart, lockigem Haar und zwei Hörnern. In seinem gemütlichen Zuhause aus rötlichem Gestein kannst du dich wärmen und dir die Zeit vertreiben, denn hier gibt es nicht nur einen Kamin, sondern auch ein Regal voller Bücher. Wenn du Hunger hast, bereiten dir Herr und Frau Biber ein köstliches Abendessen in ihrem drolligen Haus zu, das auf einem Deich direkt neben dem großen Fluss erbaut wurde. Obwohl dieser Fluss seit Jahren zugefroren ist, ist er nicht glatt, sondern in den schäumenden und welligen Formen erstarrt, in denen das Wasser in dem Augenblick dahingebraust war, in dem der Frost kam. Innerhalb des Unterschlupfs dieser gastfreundlichen Nagetiere, in deren Küche Schinken und Zwiebelketten von der Decke hängen, kannst du sogar fischen.
Nahe der Furten von Beruna, auf der Spitze eines Hügels mit Blick auf das Meer, befindet sich der steinerne Tisch – eine Platte aus grauem Stein und von vier Steinpfeilern getragen, die mit seltsamen Buchstaben des Tiefen Zaubers beschriftet ist und auf der Verräter exekutiert werden. Deine Reise endet an der Ostküste, wo sich, neben Stränden, Klippen und Meeresbuchten, auch das Schloss Cair Paravel befindet. (Nimm drei Freunde mit auf deine Rundreise, wenn du der illegitimen Königin den Thron entreißen möchtest.)

Ehe ihr auf den vier Thronen der großen Halle Platz nehmt, bewundert zunächst ihr Elfenbeindach und ihre wundervollen Tore: Das westliche ist mit Pfauenfedern behängt, das östliche dem Meer zugewandt.

Wie man die Königin besiegt

Um die Weiße Hexe zu besiegen, musst du zunächst ihren in Stein verwandelten Feinden neues Leben einhauchen. Jadis verwahrt diese tragischen Statuen in ihrem kleinen, gespenstischen und von unzähligen Türmen umgebenen Schloss, die sich wie feine Nadeln in den Himmel erheben. Um die Untertanen wiederzubeleben, brauchst du den Atem Aslans, des großartigen sprechenden Löwen, den du auf dem Feld gegenüber des steinernen Tisches findest. Du kannst es gar nicht verfehlen! Schon von Weitem wirst du sein Zelt aus gelber Seide mit den purpurnen Schnüren und elfenbeinernen Pflöcken sehen, über dem ein Banner mit einem aufgerichteten, roten Löwen weht.

Dort angekommen, solltest du eine Armee rekrutieren, die es mit Riesen, Wölfen, Baumgeistern, Dämonen, Ogern, Geistern, Minotauren, Zauberern, Gespenstern und Pilzen aufnehmen kann. Mit dieser machst du dich auf den Weg zu den zwei Hügeln im Norden (nutze die Gelegenheit für einen Ritt auf dem Löwen). Lass dich weder von den spionierenden Bäumen und Polizeiwölfen noch vom Glanz des Schlosses im Mondschein einschüchtern.

Solltest du auf deiner Reise zufällig dem Weihnachtsmann begegnen, bevor du in die Schlacht ziehst, kannst du mit seinem magischen Elixier dann die Verletzten heilen. Bleib nach deinem Sieg ruhig mehrere Jahre in Narnia, um diesen gebührend zu feiern – denn es werden lediglich wenige Minuten vergangen sein, wenn du in die reale Welt zurückkehrst.

Schon gewusst?

🏮 Während des Zweiten Weltkriegs nahm C. S. Lewis ein paar Mädchen in seinem Landhaus auf – ganz so, wie es der Professor in der Geschichte tut.

🏮 Die junge Protagonistin Lucy basiert auf Lewis' Patentochter Lucy Barfield.

🏮 Aslan – die einzige Figur, die in allen Büchern auftaucht – kam im ersten Konzept des Buches überhaupt nicht vor.

🏮 Lewis und J. R. R. Tolkien, Autor von *Der Herr der Ringe*, gehörten dem gleichen Autorenzirkel an.

Das London von Sherlock

Sherlock Holmes-Kanon von Sir Arthur Conan Doyle (1887–1927)

Du hast dir ein Sabbatjahr genommen, um alle fantastischen Welten zu bereisen, die sich auf englischem Boden befinden? Dann darfst du auf keinen Fall das London des besten Detektivs aller Zeiten versäumen: Sherlock Holmes! Der hochberühmte Privatermittler (der über keinerlei Kenntnisse in Literatur, Philosophie und Astronomie, schwache in Politik, mangelhafte in Botanik, praktische aber begrenzte in Geologie, gründliche in englischem Recht und Chemie und genaue aber unmethodische in Anatomie verfügt, sich bemerkenswert in Sachen Violinspiel und Sensationsschriften auskennt und außerdem ein gewandter Boxer und Fechter ist) teilt sich eine Wohnung mit dem ehemaligen Militärchirurgen John H. Watson. Nachdem die beiden sich 1881 im chemischen Laboratorium des St. Bartholomew's, einem in der Londoner Innenstadt gelegenen Krankenhaus, kennenlernten, zogen beide in die Baker Street Nummer 221 b, zu der zwei behagliche Schlafstuben und ein großes, luftiges, freundlich möbliertes und von zwei großen Fenstern erhelltes Wohnzimmer gehören. Im gleichen Jahr lösten sie gemeinsam ihren ersten Fall: den Mord in dem verlassenen Haus in der Nähe der Brixton Road, in Lambeth, im Süden Londons. Seitdem erkunden der diskrete Doktor und der exzentrische Detektiv die Stadt und klären perfide Verbrechen auf, wobei sie gelegentlich auch mit Scotland Yard zusammenarbeiten – der städtischen Polizei von London.

Mit Sherlock Holmes in London in Kontakt treten

Ehe du nach London aufbrichst, musst du wissen, dass Holmes sich nicht immer in der Stadt aufhält: Als guter Detektiv ist er immer dort, wo ihn die Spuren hinführen. Außerdem lässt er sich nie eine Gelegenheit entgehen, in Montpellier zu recherchieren oder in die Schweiz zu reisen, um sich dort dem Napoleon der Verbrechen am Reichenbachfall entgegenzustellen. Trotzdem vernachlässigt er nie seine Klienten in der Hauptstadt, weswegen Doktor Watson gelegentlich in anderen Grafschaften oder Ländern ohne die Gesellschaft des deduktiven Genies arbeitet (ein berühmtes Beispiel hierfür ist der Fall des Mordes an Sir Charles Baskerville im August 1902 in Devonshire, bei dem der Doktor Baskerville Hall in Sherlock Holmes' Abwesenheit inspizieren musste). Wenn dieser außergewöhnliche Detektiv und Berater sich in der Stadt befindet, musst du zeitig aufstehen, um ihn in seiner Wohnung in der Baker Street auch tatsächlich anzutreffen, denn Mr Holmes fängt gewöhnlich früh mit der Arbeit an. Findest du ihn nicht geistesabwesend grübelnd im Kaminsessel oder sich dem Ersuchen eines erschöpften Regierungsbeamten widmend vor, lass dich von einer Kutsche ins chemische Laboratorium des St. Bartholomew's Hospitals fahren. In einem angrenzenden Gässchen betrittst du das weitläufige Krankenhaus durch einen Seiteneingang im Nebenflügel, steigst die kahle Steintreppe hinauf und durchquerst einen langen, weiß getünchten Korridor und den niedrigen Bogengang, um in den chaotischen Saal mit den hohen Decken zu gelangen, in dem Flaschen aller Größen und Formen herumstehen. Stell dich Sherlock Holmes vor, doch unterbrich ihn nicht, falls er gerade zwischen Retorten, Reagenzgläsern und kleinen Weingeistflaschen mit seinen Hämoglobin-Experimenten beschäftigt ist.

♟ ♟ ♟

Wenn er dich als seinen vorübergehenden Praktikanten akzeptiert, wird er dir den Seziersaal zeigen, in dem er unethische Methoden anwendet, die an der Grenze zum Unmenschlichen liegen.

Die Kunst der Schlussfolgerung erlernen

Ehe du Sherlock Holmes bei einem seiner Fälle begleitest, schau noch einmal kurz in der Baker Street 221 b vorbei, die von Mrs Hudson vermietet wird. Diese mit Papieren geflutete Wohnung, mit dem Kohleneimer, der die Pfeifen beherbergt, und dem persischen Pantoffel voller Tabak quillt über von Chemikalien und Reliquien aus der kriminellen Welt. Außer an dieses Chaos musst du dich auch an den Klang der Violine in den frühen Morgenstunden gewöhnen – und an die Schießübungen mit dem Revolver innerhalb der Wohnung! Nur vor dem gemütlichen Kamin, an dessen hölzernem Sims der Detektiv mit einem Jagdmesser unbeantwortete Briefe abheftet, kannst du ein wenig Ruhe finden.

Da Sherlock Holmes sowohl für mächtige Staatsmänner, europäische Monarchen (wie die skandinavische Königsfamilie) und reiche Banker als auch für mittellose Einzelhändler und eingeschüchterte Hauslehrerinnen arbeitet, musst du die gesamte Stadt auf der Suche nach Spuren durchkämmen. Du wirst Verbrechen in eleganten Villen des 18. Jahrhunderts aufklären (wie das in der Godolphin Street 16 zwischen Themse und Westminster Abbey, bei dem der Spion und Prominente Eduardo Lucas ermordet wurde), aber auch die Unterwelt Londons besuchen (etwa das zwielichtige Mietshaus in Lauriston Gardens 3, das von wenigen kränklichen Pflanzen umgeben ist). Bei deinen besonnenen Ermittlungen kannst du auf die Hilfe der – entsetzlich förmlichen! – Polizisten von Scotland Yard ebenso zählen wie auf das halbe Dutzend dreckiger und zerlumpter Straßenjungen, die einen Schilling für jede Information erhalten.

Entspanne dich nach einer langen Sherlock'schen Trainingseinheit im Diogenes Club, einer Einrichtung für Misanthropen und Schüchterne, in der das Reden verboten ist.

Schon gewusst?

Als Sir Arthur Conan Doyle Sherlock Holmes schuf, gab es keine Baker Street 221 b.

Der Autor ließ die Figur des Holmes sterben, weil er von ihr gelangweilt war. Durch den Druck der Fans ließ er den Detektiv wiederauferstehen. In einer im Jahr 1903 veröffentlichten Erzählung berichtet Holmes davon, wie er seinen eigenen Tod vorgetäuscht hat.

Auch danach tötete Doyle Holmes nie endgültig, schickte ihn jedoch in Rente: Nach jahrzehntelangen Diensten zog der Detektiv sich aufs englische Land zurück, um sich der Bienenzucht zu widmen.

Sherlock Holmes ist die am meisten für Kinofilme adaptierte literarische Figur.

Gotham City

Erster Auftritt Batmans in den *Detective Comics* #27 (3. März 1939)
Von Bob Kane und Bill Finge kreierte Figur

Du wärst gerne der Side Kick eines Kämpfers für die Gerechtigkeit ohne Superkräfte? Dann auf nach Gotham City, um Batman davon zu überzeugen, dass du ihn auf seinem Kampf gegen das Böse begleiten darfst. Diese Stadt wurde 1635 von einem norwegischen Söldner gegründet und später von den Briten besetzt. Inmitten blutrünstiger Kämpfe und dunkler Rituale während des Unabhängigkeitskrieges, erwählten die Gründerväter der Vereinigten Staaten diesen Ort, um einen Fledermaus-Dämon zu beschwören, der nun in dieser grausamen Metropole gefangen ist. In der von Erdbeben und todbringenden Viren gegeißelten Stadt regieren die Mafia, Banden und korrupte Behörden: Verlogene Ordnungskräfte des Police Departments nehmen Bestechungsgelder an, handeln mit Drogen und vertuschen Morde, während Gangster und Superschurken wie Catwoman, Bane, Two-Face und Joker das organisierte Verbrechen in der gotischen Stadt kontrollieren. Doch Gotham ist auch das Zuhause des Philanthropen und Multimillionärs Bruce Wayne, der unermüdlich Bösewichte hinter die Gitter des Blackgate-Gefängnisses bringt oder sie ins Arkham Asylum steckt – eine direkt am Gotham River gelegene psychiatrische Klinik. Metropolis, die Heimat von Superman in Delaware, ist durch die Metro-Narrows Bridge mit der Stadt verbunden.

Gotham erkunden

Willkommen in der Stadt, die sich ständig im Umbau befindet! Aufgrund vielfacher Explosionen, Erdbeben mit der Stärke 7,6 auf der Richterskala und anderer zerstörerischer Kräfte hat Gothams Architektur im Laufe der Stadtgeschichte einige Veränderungen durchlaufen. Wenn du dich in die Zeit vor der Katastrophe Ende des 20. Jahrhunderts teleportierst, wirst du eine neogotische Stadt voller Kathedralen mit fliegendem Strebewerk und Wasserspeiern aus Stein vorfinden. Entscheidest du dich aber für eine Reise in die Gegenwart der Stadt, erwarten dich Hunderte von Hochhäusern, Gebäuden mit Glasfassaden und fliegende Autos.

Von den angesehensten, fantastischen Historikern als Metropole mit einer Atmosphäre wie in »Manhattan jenseits der 14. Straße um elf Minuten nach Mitternacht in einer klirrend kalten Novembernacht« definiert, ist Gotham die Stätte multinationaler Mächte mit düsteren Absichten – wie GothCorp, einem Hort für Superschurken. Dieses Unternehmen friert Bürger gegen ihren Willen mittels Kryonik ein und hat seinen Hauptsitz im Stadtteil Otisburg – wie auch der häufig von Verbrechern besuchte Nachtclub The Stacked Deck. Doch auch im Zentrum der Stadt, in einer ihrer reichsten Viertel, finden sich Kneipen dieser Art: Das Iceberg Casino beziehungsweise die Iceberg Lounge dienen dem mafiösen Pinguin als Fassade.

Im East End, einem der ärmsten Stadtteile, wirst du den Drogenhandel bekämpfen und dich im Bowery, dem gefährlichsten Bezirk der gotischen Stadt, Gangstern, Mördern und Zuhältern entgegenstellen. Weiter im Norden befindet sich die Crime Alley, die traurige Berühmtheit durch die Tragödie von Park Row erlangt hat. Auf keinen Fall solltest du diese Gasse betreten, wenn du mit Batman auf Streife bist, denn dort wurden Thomas und Martha Wayne beim Verlassen eines Kinos von dem Kleinkriminellen Joe Chill ermordet.

Doch es geht nicht immer nur um den Kampf zwischen Gut und Böse. Sportbegeisterte können sich die Spiele eines der lokalen Teams ansehen, etwa die der Gotham Knights (Baseball), Gotham Guardsmen (Basketball), Gotham City Wild Cats (Football) oder der Gotham Blades (Eishockey).

Vergnügen kannst du dich außerdem auf der Amusement Mile – einem Freizeitpark, der nach dem großen Crash 1929 zur Wiederbelebung der Stadt erbaut wurde. Oder du schlenderst durch den Stadtteil Gotham Village und besuchst ein Theaterstück auf der Grand Avenue.

Im Superheldenversteck entspannen

Nach einem langen Arbeitstag mit vielen besiegten Schurken kannst du dich auf dem Anwesen von Bruce Wayne ausruhen (denk daran, niemandem das Geheimnis zu verraten, dass er Batman ist!). Die vor den Toren Gothams gelegene Residenz besticht nicht nur durch die dort zu bewundernden Sammlerstücke und ihre fabelhafte Bibliothek, sondern beherbergt auch den geheimen Zugang zur Bathöhle – Batmans Hauptquartier im Kampf gegen das Verbrechen. Nach einem Sturz entdeckte der Superheld das unterirdische Gelände, das Sklaven während des Unabhängigkeitskriegs als Zufluchtsort diente.

Der am häufigsten genutzte Eingang zur Höhle befindet sich hinter einer alten Standuhr; um die Geheimtür zu öffnen, musst du ihre Zeiger nur so lange drehen, bis sie die Zeit anzeigen, in der die Eltern des jungen Batman starben. Solltest du mit dem Batmobil kommen, kannst du den Eingang zur Bathöhle nutzen, der diese direkt mit der Autobahn verbindet (wähle dabei nach Herzenslust zwischen Auto, Motorrad, Schiff und dem Überschallprivatjet, dem Batplane!).

In diesem Unterschlupf kannst du dem Dark Knight ganz entspannt zusehen oder in aller Ruhe bestaunen, was es dort sonst noch alles zu sehen gibt: ein Fitnessstudio, Laboratorien, eine Sammlung antiker Waffen, eine Krankenstation, eine Teleporterstation, eine Anlegebrücke und sogar eine ganze Kolonie von Fledermäusen.

Schon gewusst?

- Einige Orte in Gotham wurden zu Ehren ihrer Erfinder benannt.

- Bob Kane ließ sich bei der Erschaffung dieses Superhelden von Sherlock Holmes, Zorro und The Shadow inspirieren.

- Die Zeitschrift *Forbes* hat Batmans Vermögen auf 6,9 Billionen geschätzt.

- Während des Zweiten Weltkriegs wurde ein Batman-Comic veröffentlicht, in dem dieser – gemeinsam mit Robin und Superman – Hitler und seine faschistischen Anhänger mit Bällen bewirft.

Villa Kunterbunt

Pippi Langstrumpf von Astrid Lindgren (1945)

Du warst ein ängstliches Kind mit ausgezeichneten Umgangsformen, wärst aber viel lieber frecher und ungezogener gewesen? In der Villa Kunterbunt – einem Landhaus am Rande einer kleinen, schwedischen Stadt – kannst du Mitte des 20. Jahrhunderts eine rundum idyllische Kindheit erleben. Das gemütliche Haus ist Eigentum des Kapitäns Efraim Langstrumpf, der bei einem Sturm auf hoher See ins Meer geweht wurde. Bewohnt wird die Villa daher von seiner Tochter Pippilotta Viktualia Rollgardina Pfefferminz, ihres Zeichens Expertin in Sachen Schifffahrt und gerade mal neun Jahre alt. Während sie auf die Rückkehr ihres Vaters wartet – der, wie Pippi sagt, zum Südseekönig gekrönt wurde, nachdem er schwimmend eine unbekannte Kannibalen-Insel erreicht hatte – kann sich das mutterlose Mädchen dank eines Koffers voller Goldstücke von Efraims Schiff, den ihr ein paar treue Matrosen nach dem Verschwinden Efraims geschenkt hatten, selbst versorgen. Gemeinsam mit einem kleinen Affen namens Herr Nilsson und einem namenlosen Pferd hält das rothaarige Mädchen die Villa Kunterbunt samt Garten aufgeräumt und sauber.
Und Pippi ist richtig glücklich! In dieser kleinen Stadt kann sie auf dem Rücken ihres Pferdes einkaufen gehen und sogar im Zirkus auftreten. Weder Vater noch Mutter zu haben, hat auch Vorteile; sie kann Bonbons lutschen, und sie muss auch nicht zur Schule gehen.

Übernachten in der Villa Kunterbunt

Einmal im Skandinavien der 1950er-Jahre angekommen, wird es dir leicht fallen, Pippis Zuhause zu finden, denn das aufmüpfige Mädchen ist überall in der Gegend bekannt. Frag einfach einen freundlichen Bewohner nach dem schnellsten Weg zur Villa Kunterbunt. Das malerische Haus liegt am Rande der Stadt – dort, wo die Straße zur Landstraße wird. In seinem Garten – der perfekt zum Teetrinken, schottisch tanzen lernen oder Purzelbäume schlagen geeignet ist – führt ein Kiesweg an alten, moosbewachsenen Bäumen vorbei, auf denen man prima klettern kann, zur Veranda der Villa. Erschrick nicht, wenn du dort einem Pferd begegnest, das gerade dabei ist, Hafer aus einer Suppenschüssel zu essen: Es steht dort nur, da es in der Küche im Weg stehen würde und es ihm im Wohnzimmer nicht gefällt; und es ist auch kein bisschen gefährlich.

Wenn auf dein Klingeln niemand reagiert, geh einfach direkt is unmöblierte Wohnzimmer, auf dessen Tapete das Bild einer dicken Dame in rotem Kleid und schwarzem Hut gemalt ist, die in der einen Hand eine gelbe Blume und in der anderen eine tote Ratte hält. Das einzige Möbelstück im Raum ist eine große Klappkommode mit vielen kleinen Schubkästen, in der Pippi all ihre Schätze aufbewahrt, die sie von ihren Reisen quer durch die Welt mitgebracht hat: wundervolle Steine, seltsame Vogeleier, schöne silberne Spiegel, Dolche mit schimmernden Perlmuttgriffen und wertvolle Ringe. In der Küche – dekoriert mit Blumen aus Hinterindien! – kannst du auf die Möbel steigen, ohne dass dich jemand dafür ausschimpft, wenn du »Nicht den Fußboden berühren« spielst – oder in einer Brennholzkiste sitzend Pfefferkuchen backen.

Weil die Villa Kunterbunt nur über ein einziges Schlafzimmer verfügt, solltest du einen Schlafsack mitbringen, wenn du dort übernachten möchtest. Außer einem Bett – in dem Pippi so schläft, »wie sie in Guatemala schlafen«, nämlich mit den Füßen auf dem Kopfkissen und dem Kopf tief unter der Bettdecke – steht dort ein kleines grünes Puppenbett, in dem der Affe Herr Nilsson schläft.

Komplettiert wird das Haus durch eine Bodenkammer, die vollgestellt ist mit alten Seemannskisten, Ferngläsern, Brillen, Pistolen und Degen ... und von Gespenstern bewohnt wird. Fürchten musst du dich vor ihnen nicht, denn sie scheinen stets mit Vorstandssitzungen des Geister- und Gespenstervereins beschäftigt und daher unterwegs zu sein.

Freizeitgestaltung in der kleinen schwedischen Stadt

Der bezaubernde Ort, in dem Pippi lebt, gleicht mit seinen Gärten voller Schneeglöckchen und Krokussen all den anderen bezaubernden Städten auf dem schwedischen Land, die die Touristen nicht voneinander unterscheiden können. Und diese hier hat noch nicht einmal einen Namen! Allerdings verfügt sie über einen Hafen und eine Vielzahl an Geschäften. In ihnen werden Schokoladentafeln in langen Reihen, Hunde und Elefanten aus Stoff, Hampelmänner und sogar falsche Salben gegen Sommersprossen feilgeboten – aber leider keine Klaviere.

Und mit Pippi und ihren Freunden, den Geschwistern Thomas und Annika Settergren, gibt es immer was zu erleben! Streife als Sachensucher durch die ganze Stadt oder begib dich auf die Suche nach in alten Eichen versteckten Korallenketten. Erledige unlösbare Aufgaben oder wage es, im Wanderzirkus auf den Füßen stehend auf einem kohlschwarzen Pferd zu reiten. Geh in aller Ruhe in den Wald und mach dir keine Sorgen, wenn dir eine Kuh und ein Stier über den Weg laufen: Das exzentrische Mädchen (Seeräuberin in Ausbildung!) schafft es mit links, sie hochzuheben und beiseitezuschieben.

Kaffeekränzchen hochnäsiger Damen lassen sich hervorragend durch das Erzählen unsinniger Geschichten sabotieren, doch wenn du lieber dem bezaubernden Ort helfen möchtest, dann stelle dich Raufbolden entgegen oder rette am Marktplatz, auf dem das gelb gestrichene Rathaus steht, Kinder aus einem Feuer.

Schon gewusst?

Kuriositäten, von denen Pippi Langstrumpf auf ihren ausgedachten Reisen gehört hat, von ihr selbst erzählt:

⚔ In Brasilien gibt es keine Kahlköpfe, da man die Eier dort, anstatt sie zu essen, auf dem Kopf trägt.

⚔ In Nicaragua gibt es keinen einzigen Menschen, der die Wahrheit sagt.

⚔ In Indien gibt es eine Riesenschlange, die jeden Tag fünf Inder und zwei kleine Kinder zum Nachtisch isst.

⚔ In China lebt ein armer Mann, der so große Ohren hat, dass er diese als Regenmantel benutzt.

Einsame Insel irgendwo im Pazifik

Herr der Fliegen von William Golding (1954)

Du kannst dir vorstellen, in einer fantastischen Welt einem Ehrenamt nachzugehen? Dann ist das deine Chance! Eine Gruppe hilfloser Jungen aus England braucht deine Hilfe. Wenn du ein mutiger Entdecker bist, der sich auch für Psychologie interessiert, solltest du diese exotische Insel in einem abgelegenen Teil des Pazifiks, auf der sich seit den 1950er-Jahren eine unbestimmte Anzahl verwilderter Jungen in einer parallelen Wirklichkeit aufhält, unbedingt besuchen.

Freiwillige, die auf ihrer humanitären Mission erfolgreich sein wollen, müssen lernen, sich innerhalb des Dickichts aus hundert Fuß hohen Palmen zu orientieren, das sich an der gesamten Küste entlangzieht, deren Sand von verfaulenden Kokosnüssen und Palmschösslingen übersät ist. An einem Ende der Insel – nahe eines Bassins mit Wasser, das wärmer als das einer Badewanne ist, haben die Jungen ihre windschiefen Hütten errichtet. Am gleichen Strand befindet sich auch eine große Rampe aus rosafarbenem Granit, auf der die Jugendlichen aus England anarchistische Versammlungen abhalten. Hinter der Siedlung hat sich in der Absturzschneise eine Lichtung gebildet, auch wenn scheinbar vom Flugzeug selbst jede Spur fehlt.

Die Insel bietet sowohl einen unbezähmbaren Dschungel als auch einen steilen Berg, auf dem ein Monster lebt.

Was du wissen solltest, bevor du dich auf diese Reise begibst

Da die jugendlichen Überlebenden unter keinerlei Aufsicht durch Erwachsene stehen, musst du dich gut vorbereiten, wenn du nicht zu ihrer Beute werden willst. Die Waisen – vermutlich wurden ihre Eltern von der Atombombe getötet, die England zerstört hat – kennen sich auf der Insel gut aus und leben dort nach ihren ganz eigenen Regeln.

Nach einem Flugzeugabsturz während des Nuklearkriegs sich selbst überlassen, halten sich die Jungen in diesem tropischen, von einem großen Korallenriff und einem unermesslichen tiefblauen Meer umgebenen Urwald mithilfe der Fauna (Schweine, Krebse und Fische) und Flora (Kokosnüsse und reife Früchte) der einsamen Insel am Leben. Sie verfügen auch über Trinkwasser, das sie in Kokosschalen aus der Flussmündung schöpfen, und über anderthalb Meter lange, angespitzte Stöcke. Einige auf Alternative Realitäten spezialisierte Anthropologen glauben, dass sie auch im Besitz von Werkzeugen aus der zivilisierten Welt sind (einer Brille, um Feuer zu machen, und eines scharfen Messers), während andere behaupten, dass sie sich in einem verwilderten Zustand befinden und lediglich eine Muschel, Speere und merkwürdige Kriegsbemalungen verwenden.

Um die Wilden zu beobachten, ohne selbst bemerkt zu werden, verbirgst du dich am besten im dunklen Urwald voller Insekten, dichter Vegetation und Lianen, in denen man sich leicht verfangen kann. Erschrick nicht, wenn du dem an einem Stock hängenden Herrn der Fliegen begegnest: Er ist tot und kann dich daher nicht angreifen.

Wenn du das alles lieber von oben betrachten möchtest, wage den Aufstieg zum furchteinflößenden, von Steilküsten umgebenen Berg, der sich gegenüber des Camps auf der anderen Seite der Insel erhebt. Doch nimm dich in Acht vor der Bestie, die dort lebt! Um dieser aus dem Weg zu gehen, musst du auf schmalen Pfaden bis zur Spitze klettern, ohne dass deine Tarnung während des steilen Aufstiegs über die Felsen auffliegt. Und schütze dich auch vor dem Gewirr aus Wurzeln und Schlingpflanzen. Vom Gipfel aus kannst du den »Burgfelsen« sehen – ein nahezu freistehender Felsen, der entfernt an eine Festung erinnert.

Da die Jungen jeden Tag ein Fest mit gebratenem Schwein feiern, fehlt es ihnen nicht an Nahrung. Mitbringen solltest du ihnen jedoch saubere Kleidung und Salben gegen den Sonnenbrand, denn es handelt sich um eine extrem heiße Gegend.

Allianzen

Insbesondere die Kleineren – wie Percival und Johnny (die Jüngsten dort!) – werden sich sehr über deine Ankunft freuen. Sie sind nicht älter als sechs Jahre und vermissen ihre Familien. Entlocke ihnen so schnell wie möglich sämtliche Informationen, wenn du das Kind mit dem Muttermal, Simon und Piggy vor ihrem nahenden Ende retten möchtest. Wenn du den Stamm der Wilden besiegen und die Jüngsten befreien möchtest, solltest du Ralph und die Zwillinge Sameric und Wilfred finden und dich mit ihnen verbünden. Auch wenn sie unschuldig wirken: Vertraue den Älteren – wie Maurice und Roger – nicht, und schmiede einen konkreten Plan, bevor du dich dem egomanischen Jack Merridew stellst.

Jack, der ehemalige Chorist im Domkapitel (der tatsächlich ein Cis singen kann!) ist heute der Anführer der Jäger. Diese erkennst du an ihren Kreistänzen, den furchteinflößenden Gesängen und ihren mit Gräsern, Lehm und Blut bemalten Gesichtern.

Schon gewusst?

🌴 In diesem Buch hat William Golding viele Anspielungen auf *Die Koralleninsel* (1857) versteckt, einem Roman von R. M. Ballantyne, in dem ein paar Jugendliche aus England auf einer polynesischen Insel stranden. Der Autor spielt mit vielen Themen dieses alten Bestsellers, in dem die christlichen Engländer die Zivilisierten sind, während die Eingeborenen als barbarische Mörder dargestellt werden. Die Protagonisten der beiden Erzählungen tragen sogar die gleichen Namen: Ralph und Jack.

🌴 Im Jahr 1983 gewann Golding den Literaturnobelpreis für seine Erzählung, die »die menschliche Natur in der heutigen Zeit« beleuchtet.

🌴 »Herr der Fliegen« ist eine wörtliche Übersetzung des Namens »Beelzebub«, einer der Dämonenfürsten.

🌴 Während der zweiten Hälfte des 20. Jahrhunderts erschien das Buch in den Vereinigten Staaten häufig auf den Listen der hundert meistzensierten Bücher.

Forks

Twilight, oder auch »Biss-Tetralogie« von Stephanie Meyer (2005)

Hast du Lust, einen ungefährlichen Clan übernatürlicher Wesen kennenzulernen? Von der Bekanntschaft mit der einzigen »vegetarischen« Vampirfamilie (die auch Baseball spielt), trennt dich nur ein Flug nach Forks. Dort, auf der Halbinsel Olympic im Nordwesten von Washington State, lebt in einer kleinen Stadt mit nur rund dreitausend Einwohnern eine Vielzahl mythischer Kreaturen, die vollständig in die Gemeinde integriert ist. Dieser abgelegene Ort wurde aufgrund seines ständig wolkenverhangenen Himmels von dem blutsaugenden Cullen-Zirkel zu seinem dauerhaften Wohnort erklärt – denn Vampire, die unerkannt bleiben wollen, müssen die Sonne meiden. (Entgegen der alten, heute widerlegten Theorie verbrennen diese Wesen nicht im Sonnenlicht; aber das Glitzern, das von ihnen ausgeht, macht es ihnen schwer, unerkannt unter den Menschen zu leben.)

Allerdings leben auf der Halbinsel noch weitere Kreaturen! In der Nähe von Forks, direkt am Meer, befindet sich La Push, ein Reservat der Quillayute-Indianer, das für seine Werwölfe, Nachfahren der Stammesältesten, bekannt ist.

Da es in Forks mehr regnet als an jedem anderen Ort in den Vereinigten Staaten, ist die Stadt von dichten Wäldern umgeben. Im Nordwesten befindet sich die Stadt Port Angeles, eine hübsche kleine Touristenfalle mit einer pittoresken Strandpromenade.

Tourismus in Forks und Umgebung

Neben der Tatsache, dass man hier ideal Freundschaft mit Vampiren schließen kann, beeindruckt Forks auch durch seine unglaublichen Naturlandschaften. Wenn du diese einladende Gegend während der Herbst- oder Wintermonate besuchst, solltest du dir bei *Newton's Olympic* ein Paar guter Wanderstiefel kaufen, denn eine dünne Schneeschicht bedeckt zu dieser Zeit das Grün und färbt die Straßen weiß. Pass auf, wohin du trittst: Wenn die Temperaturen sinken, gefriert der Regen der letzten Tage und verwandelt die Straßen in eine rutschige Eisfläche. Wenn dir der Sinn nach einem romantischen Ausflug steht, miete dir ein Auto und nimm die 101 Richtung Norden. Sobald dichtes Unterholz die Straße säumt und diese bald darauf endet, parke kurz vor dem Fußweg mit dem hölzernen Wegweiser. Nach fünf Meilen – vorbei an tückischen Wurzeln, umgefallenen Bäumen und losen Steinen – erreichst du eine malerische Wiese voller Feldblumen. Die kreisförmige Lichtung ist der perfekte Ort, um die glitzernde Haut eines hundertjährigen Vampirs zu betrachten und gleichzeitig dem Plätschern eines nahe gelegenen Baches zu lauschen.

Doch in Forks gibt es mehr als nur Natur! Schreib dich an der direkt am Highway gelegenen Highschool ein, um dich in eines dieser übernatürlichen, scheinbar jugendlichen Wesen zu verlieben. Lass dich nicht von der Ansammlung identischer Bauten aus rotbraunen Ziegeln abschrecken: Trotz seiner enormen Größe besuchen nur 358 Schüler die Schule (Stand 2005). Geh mit deinen neuen Freunden ins *Lodge* – ein etwas heruntergekommenes und überteuertes Restaurant, in dem sie Rippchen servieren –, und hab keine Angst, wenn du erst am frühen Morgen nach Hause kommst: Die Polizisten des hiesigen Reviers beschützen dich vor Dieben und Gesindel.

Solltest du nach Port Angeles fahren, erwartet dich dort ein eleganteres Ambiente: Klamottengeschäfte und reizende italienische Restaurants schmücken die an der Meerenge von Juan de Fuca gelegene Touristenstadt.

La Push

Verbring deine Zeit nicht nur mit dem attraktiven Vampirclan!* Besuche auch La Push, um das Werwolfsrudel kennenzulernen. Nur fünfzehn Meilen dichter Wald trennen Forks von dem Indianerreservat, das an der Mündung des wasserreichen Quillayute River liegt. Wenn du einen der einheimischen Werwölfe als Guide gewinnen kannst, solltet ihr zunächst First Beach besichtigen – ein langer sichelförmiger Strand. Bitte ihn unbedingt, dir alte Indianerlegenden zu erzählen. Aber auch wenn es sich bei diesem Ort um einen paradiesischen Flecken Erde handelt, kannst du dich hier nicht in die Sonne legen, denn nur an einem kleinen Streifen des windumtosten Strandes ist der Boden von Sand bedeckt. Der Rest der rauen Küste ist übersät von Millionen großer, glatter Steine, die jeden denkbaren Farbton aufweisen.

Du hast genug von Geschichten über kalte Wesen und Wölfe? In den nahegelegenen Gezeitenbecken findest du ein Sammelsurium unterschiedlicher Lebensformen, denn in diesen tiefen Meerwasserteichen leben Seeanemonen, Krabben, Seesterne und Aale.

Schon gewusst?

- Die Idee zu *Twilight* kam der Autorin am 2. Juni 2003 in einem Traum.
- Ursprünglich lautete der Titel des Buches *Forks*, wie der Ort, an dem das Werk spielt.
- Die Autorin entschied sich dafür, ihre Vampirromanze in Forks spielen zu lassen, nachdem sie verregnete Orte im Internet recherchiert hatte – und zwar, ohne auch nur das Geringste über die Kleinstadt zu wissen.
- Sowohl Forks als auch Port Angeles und La Push existieren wirklich. Auch Jahre nach der Veröffentlichung des ersten Bandes werden diese noch immer von unzähligen Fans der Reihe besucht.

---

* Du möchtest die Blutsauger in ihrer natürlichen Umgebung beobachten? Ihr zeitloses, elegantes und bereits mehrere Hundert Jahre altes Zuhause versteckt sich tief im Wald (nördlich, jenseits der Brücke, die über den Calawah River führt). Das Haus mit dem verblichenen weißen Anstrich ist durch die Äste von sechs jahrhundertealten Zedern vor neugierigen Blicken geschützt und verfügt über drei Etagen, deren unterste von einer überdachten Veranda umgeben ist.

Jefferson Park (Orlando, Florida)

Margos Spuren von John Green (2008)

✷ ✷ ✷

Du liebst Rätsel und würdest Disney World gerne einmal außerhalb der Öffnungszeiten erkunden? Beginne dein Abenteuer in Jefferson Park, Orlando (Florida)! Dieses Mittelklasseviertel befand sich einst im Besitz von Dr. Jefferson Jefferson, einem einfachen Orangensaftverkäufer, der, nachdem er reich geworden war, seinen Namen ändern und ein »Dr.« einfügen ließ – mit einem großen »D«! Nach seinem Tod nutzte die amerikanische Marine sein Land als Stützpunkt, der später zu dem großen Wohnviertel umgebaut wurde, das es heute ist. Doch die Erinnerung an Dr. Jefferson Jefferson wird in der ruhigen Gemeinde lebendig gehalten: Nicht nur das Viertel trägt seinen Namen, auch eine Wohltätigkeitsorganisation, eine Schule, ein See und unzählige Straßen (Jefferson Court, Jefferson Road, Jefferson Way, Jefferson Place). Über die Spiele der Wildcats der Winter-Park-Highschool hinaus, sticht Jefferson Park nicht gerade durch seine kulturellen Aktivitäten heraus, obwohl es das weltgrößte Museum schwarzer Weihnachtsmänner sein Eigen nennen kann (mit mehr als zwölfhundert Weihnachtsmännern der unterschiedlichsten Machart!). Aus diesem Grund ziehen es die Jugendlichen des Viertels vor, ihre Freizeit im Zentrum von Orlando oder sogar in SeaWorld zu verbringen.

Sehenswürdigkeiten in Jefferson Park und Orlando

Um Orlando in Ruhe erkunden zu können, solltest du ein Auto mieten und nach Jefferson Park fahren. Nach dem Besuch des bezaubernden Weihnachtsmuseums, schau dir den Spielplatz im Zentrum an: Zu deiner Rechten kannst du eine imposante, uralte Eiche bestaunen, die tragischerweise als beliebter Ort für Selbstmörder bekannt ist. Wenn du weiterhin die Touristen meiden möchtest, solltest du gegen Abend ins Zentrum von Orlando fahren! Nur ein paar Nachtclubs für die Verzweifelten und die zum Verzweifeln Langweiligen haben zwischen den unzähligen, nach Geschäftsschluss ausgestorbenen Wolkenkratzern geöffnet. Nutze die Gunst der Stunde, um dich ins SunTrust Building zu schleichen. Du findest es neben dem Turm des Lichts, einer merkwürdigen Skulptur, die an einen zehn Meter hohen Spargel erinnert. Gehe die Treppen hinauf bis zum Konferenzraum, um den besten Ausblick über die Stadt zu genießen: Jenseits des 7-Eleven kannst du in der Ferne *Disney World* und den Wasserpark *Wet'n Wild* erkennen. Danach schau dir College Park an – das historische Viertel Orlandos, mit Häusern, die ganze dreißig Jahre alt sind! – und fahr anschließend in Richtung *International Drive*, der größten Touristenmeile der Welt. Setz deine Fahrt fort, bis du dein Ziel erreicht hast: *SeaWorld!*

※ ※ ※

Um das Aquarium zu erreichen, musst du eine sechsspurige Straße überqueren und einen Graben mit Schlangen und einen zwei Meter hohen Maschendrahtzaun überwinden. Hast du ihn erst einmal erreicht, kannst du dich im Park frei bewegen.

Geistersiedlungen in Orange County (Florida)

Sehnst du dich danach, der Welt zu entfliehen? Es ist an der Zeit, den Bundesstaat auf der Suche nach Geistersiedlungen, stillgelegten Vierteln, zu durchkämmen.

Weniger als eine Stunde von Jefferson Park entfernt, längs des Seengebiets, befindet sich Grovepoint Acres, ein gespenstischer Komplex mit einer Fertigbau-Ladenzeile. Lass dich nicht von seiner heruntergekommenen Fassade einschüchtern. Erkunde bedenkenlos die geschlossenen Geschäfte, die, von Zeitschriften aus den Siebzigern bis zu Souvenirs von Vergnügungsparks, alles zu bieten haben. Vergiss nicht, einen Blick in die Reiseagentur mit ihren Dutzenden, mysteriöserweise alle den Februar 1986 zeigenden Kalendern zu werfen, bevor du aufbrichst.

Lass die Geistersiedlung Quail Hollow links liegen, denn dort gibt es nicht viel mehr als ein im Boden steckendes Plastikschild. In Collier Farms ist es nicht viel besser: Das Gelände ist total verwildert, als wäre seit fünfzig Jahren keiner mehr da gewesen. Doch wenn dich weder der Matsch noch das Gestrüpp stören, kannst du die vielen Ecken und Winkel dieser letzten Siedlung erkunden, in denen man sich gut verstecken kann.

※ ※ ※

Zu guter Letzt solltest du nach Norden fahren, um Logan Pines, jenseits des Ocana National Forest, zu erkunden. In dieser Siedlung, in der es keine Spur von Menschen gibt (nicht einmal eine Müslipackung!), kannst du dem hektischen Treiben der Welt entfliehen.

Schon gewusst?

※ Die Städte aus Papier (auch »falsche Städte« genannt), die dem englischen Original ihren Namen geben, sind fiktive Orte, die auf Landkarten als Plagiatsfallen eingebaut werden, um die Autorenrechte zu kontrollieren. Die Kartografen schufen falsche Städte, um ihr Werk zu schützen: Wenn der fiktive Eintrag auf einer anderen Karte auftaucht, handelt es sich um ein Plagiat.

※ In Agloe, New York, an der Kreuzung zweier Feldwege gelegen, endet der Roman. Der Ort wurde in den 1930er-Jahren von Otto G. Lindberg und Ernest Alpers erfunden, die ihre Kreation nach einem Anagramm aus ihren Initialen benannten.

※ Diese falsche Stadt wurde tatsächlich Wirklichkeit. In den 1940er-Jahren errichtete ein Unbekannter den Agloe General Store – genau an der auf der Landkarte verzeichneten Stelle.

※ Diese kleinen Fallen findet man auch in Enzyklopädien. Im Jahr 1975 wurde der nicht existente amerikanische Fotograf Lillian Mountweazel in die New Columbia Encyclopedia eingetragen.

Camp Half-Blood und Unterwelt
Diebe im Olymp von Rick Riordan (2005)

Wenn du den Verdacht hegst, ein Halbgott zu sein, und noch keine Pläne für die Ferien hast, dann melde dich gleich zu den Sommerkursen des Camps Half-Blood an! Auch wenn sich dieser Zufluchtsort für Helden zurzeit an einem geheimen Ort in Long Island, New York, befindet, kann er seinen Standort wechseln, denn die Götter reisen durch den gesamten Westen. Der Misanthrop Dionysos leitet die Schule, zu deren angesehenen Ehemaligen die Griechen Aeneas und Achilles sowie Präsident George Washington, Sohn der Athene, zählen. Getarnt als Betrieb, der sich dem Anbau von Erdbeeren widmet – mit denen er sowohl den Olymp als auch New Yorker Restaurants versorgt –, wird im Camp Schwertkampf, Bogenschießen und Reiten zur Verteidigung gegen unterschiedlichste Monster und niederträchtige Halbgötter unterrichtet.

Doch dies ist nicht die einzige olympische Enklave in New York! Der Olymp, Wohnort der Hauptgötter des griechischen Pantheons, befindet sich im 600. Stock des Empire State Building. Zu dieser Stadt – bevölkert von Musen, Satyrn, Najaden und Halbgöttern – gehören ein großer, weißer Palast, Ambrosiamärkte und von frechen Nymphen bevölkerte Gärten – und sie verfügt sogar über ihr eigenes Kabelfernsehen (Hephaistos-TV). Im Gegensatz dazu befindet sich die furchterregende Unterwelt unterhalb der Westküste der Vereinigten Staaten, genauer gesagt unter den DOA-Studios in West Hollywood, Kalifornien.

Unterkunft und Aktivitäten im Camp Half-Blood

Wenn du ins Camp aufgenommen wurdest: Herzlichen Glückwunsch! Jetzt bist du ein offizieller Halbgott. Um deine Ausbildung zu beginnen, gehe nach Half-Blood Hill am nördlichen Stadtrand von Long Island, New York. Der Eingang verbirgt sich hinter dem Gipfel eines Hügels, auf dem Thalia thront, die illegitime Tochter von Zeus, die in eine Fichte verwandelt wurde. Aber sei vorsichtig, denn das Camp mit seinen von sanften Hügeln, Baumgruppen, einem sich dahinschlängelnden Bach und vielen Erdbeerfeldern umgebenen griechischen Gebäuden zu erreichen, ist keine einfache Aufgabe: Wenn du nicht durch die Hand eines blutrünstigen Minotauren sterben willst, musst du so schnell rennen, wie es deine Kräfte zulassen. Hast du erst einmal das sichere Camp erreicht, begib dich zum Großen Haus (ein himmelblaues Haus mit weißen Gesimsen), um dich anzumelden. Ein weiser Zentaur namens Chiron wird dich zu deinen neuen Räumlichkeiten bringen, die den Göttern des Olymps gewidmet sind. Falls du weißt, welchem höheren Wesen du angehörst, kannst du gleich zu der entsprechenden Hütte gehen; ist dir deine Herkunft jedoch unbekannt, richtest du dich lieber in der Hütte Nummer elf ein, die Hermes, dem Gott der Reisenden, gewidmet ist.

Koste von Ambrosia und Nektar, um wieder zu Kräften zu kommen, bevor du deine Ausbildung beginnst: Besuche zunächst die Trainingsgelände (eines für das Bogenschießen, eines für das Speerwerfen) oder die merkwürdige Kletterwand, die Steinquader fallen lässt und Lava speit. Später kannst du dir in der Waffenkammer ein Schwert aussuchen (oder dir selbst eines in der Schmiede anfertigen), oder du gehst zum Haus des Kunsthandwerks, wenn du gemeinsam mit den Satyrn Statuen anfertigen möchtest. Nach einem Kampf in der Arena und einem Gang durch die Pegasiställe kannst du dich bei einem Chorkonzert im Amphitheater ein wenig ausruhen. Wahre Helden begeben sich im Anschluss in den unermesslichen Wald, der sein eigenes Labyrinth beherbergt. Mach dich nicht ohne dein Schwert auf den Weg, denn dort erwarten dich nicht nur giftige Skorpione, sondern auch noch weitere unsterbliche Monster.

Von deinem kräftezehrenden Gefecht erholst du dich am besten am See mit den Kanus – gemeinsam mit den temperamentvollen Najaden, die in sechs Metern Tiefe Körbe flechten.

Besuch in der Unterwelt

Seit der Veröffentlichung der Memoiren des Halbgottes Jackson belagern falsche Helden und Halbgott-Anwärter den Eingang des Empire State Building. Der Olymp wird zum Massenparadies, und die wahren Kinder der Gottheiten pilgern für »authentische Erlebnisse« bereits in die Unterwelt. Der Weg von New York in das Reich des Hades in Hollywood ist voller Gefahren, denn die Furien, Medusa, Echidna, Prokrustes und Ares wollen die vorbeiziehenden Halbgötter verrichten. Reise immer in Begleitung eines Schutz-Satyrn. Nie darfst du lieben Omas, gastfreundlichen Verkäuferinnen von Gartenzwergen, Kasinopagen und Wasserbettenverkäufern gegenüber zu vertrauensselig sein! Den Zugang zur Unterwelt findest du nahe des Valencia Boulevards – in dem Club, dessen Aushang verkündet, dass der Zugang Anwälten und Lebenden verboten ist. Bestich Charon, um ohne Ticket für die Überfahrt den Aufzug, der sich in einen Kahn verwandelt, betreten zu können. Sobald du die Küste erreicht hast, lässt du die Felder der Bestrafung und das Totengericht, dessen Vorsitz im Rotationsverfahren von Shakespeare, Thomas Jefferson und König Minos übernommen wird, links liegen. Meide den Tartarus, aber lass dir nicht den Ausflug auf die Elysischen Felder entgehen.

Hinter dem Asphodeliengrund – einer deprimierenden Wiese, auf der sich die meisten Toten versammeln – liegt der düstere Palast der Unterwelt – umgeben vom Garten der Persephone, den anstelle von Blumen versteinerte Körper, Pilze in vielen Farben und Edelsteine zieren.

Schon gewusst?

▼ Dieses Buch begann als Gutenachtgeschichte, die Rick Riordan seinem ältesten Sohn erzählte. Dieser liebte zwar Mythen, hasste es jedoch zu lesen.

▼ Da Haley Riordan Legastheniker ist und ADHS hat, erschuf sein Vater einen Helden mit den gleichen Problemen.

▼ Percy Jackson existiert nicht nur in den Büchern, sondern auch in einer Comicadaption, in Kinofilmen und sogar in einem eigenen Videospiel.

▼ Die Geschichte wurde als Musical adaptiert ... und das sogar zweimal!

Omaha, Nebraska, 1986

Eleanor und Park von Rainbow Rowell (2013)

Warst du in den Achtzigern auf der Schule oder träumst davon, auf eine amerikanische Highschool zu wechseln? Betrachtest du dich selbst als leidenschaftlichen Nostalgiker? Bist du Fan von New Wave und Post-Punk? Dann ist es höchste Zeit, sich nach Omaha, Nebraska, des Jahres 1986 zu teleportieren! In dieser Stadt befindet sich North, ein Vorstadtgebiet, das alle nötigen Voraussetzungen erfüllt, um eine authentische Jugend in der zweiten Hälfte der 1980er-Jahre zu verbringen: unangepasste Jugendliche, alle Arten von toupiertem Haar, Sportunterricht mit Mobbern, Band-Shirts, Comicläden, batteriebetriebene Walkmans und bespielte Kassetten. Während die benachteiligten weißen Familien in den Flats leben, wohnen die der gehobenen Mittelklasse im Westen, wenn auch ohne die Annehmlichkeiten des 21. Jahrhunderts (das Schmuggeln von Mobiltelefonen seitens der Raum-Zeit-Touristen ist verboten). Trotz der herrschenden Trennung in den Vororten gehen alle möglichen Schüler auf die North High, und der Großteil von ihnen sind Afroamerikaner.

Flats ist nicht unbedingt für seine Lebhaftigkeit bekannt: Nicht einmal das *Broken Rail*, eine Bar für Kleinkriminelle, ist spätabends noch geöffnet. Doch im Zentrum von Omaha gibt es eine Menge Plattenläden (Drastic Plastic, das Antiquarium), Läden mit gebrauchten Comics und außerdem den Old Market, der von den Jugendlichen häufig besucht wird.

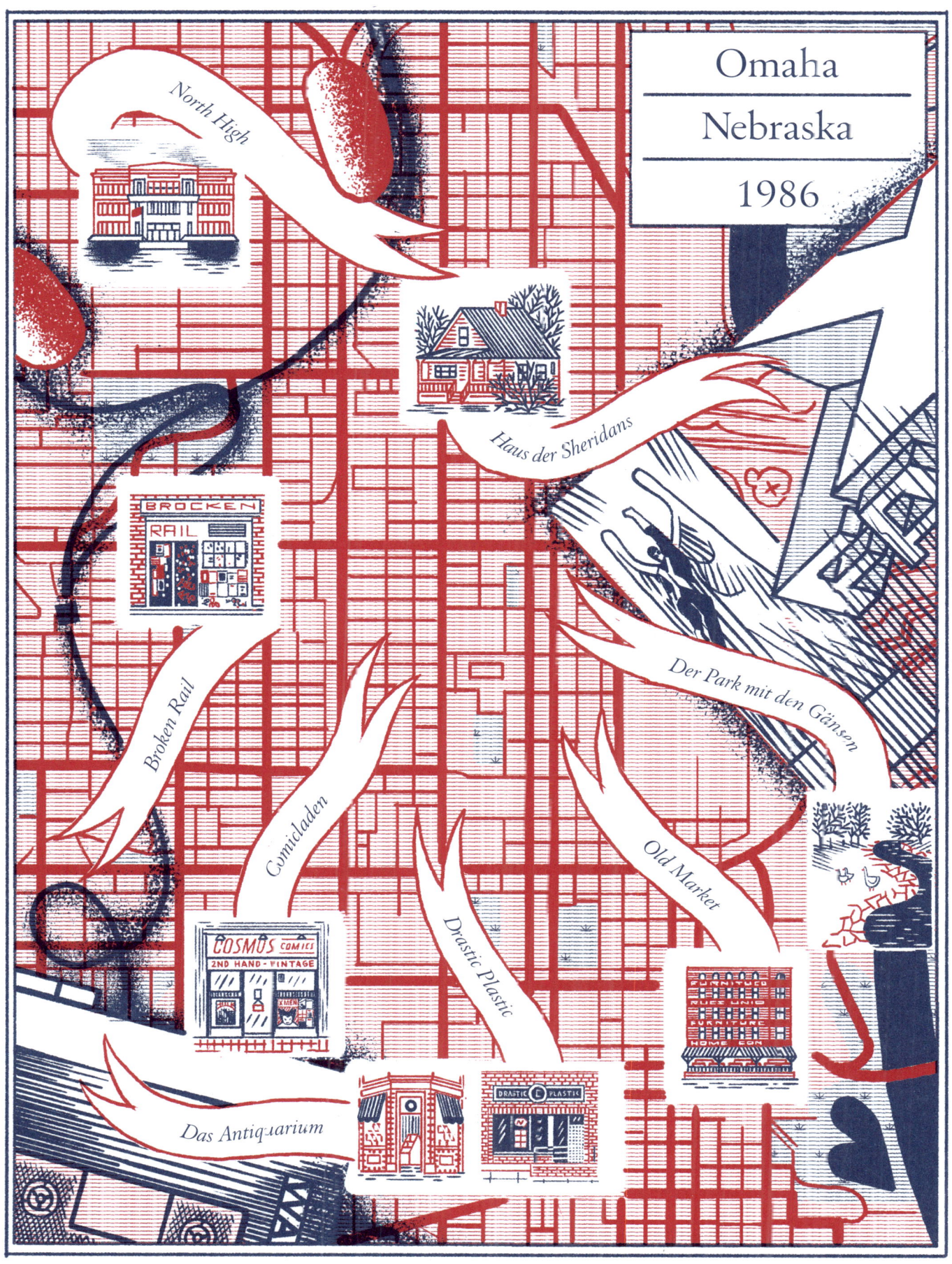

Unterkunft

Neu an einer Schule zu sein, ist nicht einfach: Du musst dich an den neuen Stundenplan, die Ausgangssperre und die existenziellen Tragödien der Jugendlichen gewöhnen. Da die Reichen aus dem Westen nicht daran interessiert sind, Minderjährige aus anderen Jahrhunderten bei sich aufzunehmen, musst du es dir in den Flats gemütlich machen. Wahrscheinlich teilst du dir dort zwei winzige Zimmer mit einer chaotischen Großfamilie, doch dafür kannst du in Erinnerungen an das Schlafen in Etagenbetten schwelgen. Lass dich nicht davon abschrecken, wenn das Bad an die Küche grenzt und keine Tür hat, denn ein schäbiger Blumenvorhang trennt beide Räume voneinander. Aber vielleicht hast du auch Glück und kommst in das Haus der Sheridans – einer so glücklichen Familie, wie es sie nur in alten amerikanischen Sitcoms gibt. Dort hättest du sogar einen eigenen Schrank und einen Gärtner.

Die Bewohner der Flats mögen dich freundlich behandeln, werden dich jedoch nie als einen der ihren akzeptieren: Jeder, der noch kein Stück Land besaß, als das Viertel noch aus Maisfeldern bestand, ist und bleibt dort ein Fremder.

So machst du das Beste aus deinem Aufenthalt in Omaha

Du möchtest nicht schon am ersten Schultag das Opfer von Hänseleien werden? Dann meide unheilbringende Mädchen mit langlockigen Dauerwellen und Fransenponys sowie verwöhnte Kids, die mit ihren Swatch-Uhren angeben. Und übernimm bitte nie den Jargon aus einem Skateboard-Magazin, wenn du beliebt sein willst. Besuche den Literaturunterricht bei Mr Stessman, wenn du für Shakespeare brennst, doch lass dich für den Sportunterricht krankschreiben, wenn du nicht wie Mary Lou Retton über den Bock springen kannst. Und der enge Turnanzug, einem rotweiß gestreiften Einteiler mit weißem Reißverschluss, ist nicht gerade vorteilhaft.
Auf den Hin- und Rückfahrten im Schulbus kannst du mit deinen neuen Freunden Comics von *X-Men*, *Watchmen*, *Rom*, *Swamp Thing* und *Batman* tauschen. Gerade ist *The Dark Knight Returns* erschienen, und somit kannst du als einer der ersten eine der besten Superhelden-

geschichten, die je geschrieben wurden, verschlingen! Solltest du dich wegen des alltäglichen Lärms der Mobber nicht konzentrieren können, dreh die Musik von den *Misfits* oder *Skinny Puppy* laut, denn Lieder von *XTC* reichen nicht, um den Krach zu übertönen.

Verlieben solltest du dich in ein intelligentes Mädchen, das keine Angst davor hat, Paisleykrawatten zu tragen, oder in den Jungen mit den *Madness*- oder *Minor Threat*-Shirts, der Eyeliner benutzt, wenn er sich vorstellt, ein Mitglied von *Duran Duran* zu sein. Entdecke in Zimmern mit offenen Türen *The Smiths* und *Echo and The Bunnymen*, sieh dir in jedem Fall einen *Mike Hammer*- oder einen *Young Ones*-Marathon an, wenn du seinen Eltern gefallen möchtest. Schlendere mit deiner ersten Liebe der Achtziger durch das Zentrum von Omaha und kauf dir ein paar Doc Martens zu einem für einen Touristen aus dem 21. Jahrhundert lächerlich geringen Preis. Iss in einem der Burgerläden im Viertel des Old Market zu Abend und hol dir danach im Park, in dem ihr gemeinsam die Gänse beobachtet, ein Eis. Bevor du in die heutige Zeit zurückkehrst, fahr deinen Schatz in einem Impala zur Abschlussfeier und versprich ihm, dass eure Geschichte wie die von Robert Smith und Mary Poole sein wird.

Vergiss nicht, sie zu küssen, während *I want to know what love is* von *Foreigner* läuft! Aber nur, wenn ihr Gesichtsausdruck der gleiche ist wie der der Mädchen in den Videoclips von *Prince*.

Wenn du nach deiner Rückkehr noch nostalgischer bist ...

Kauf dir einen Walkman und bespiel eine Kassette zu Ehren einer vergangenen Liebe. Vergiss nicht, mit Kugelschreiber, die Titel aller Lieder draufzuschreiben.

Spiel Musik von *Joy Division, The Dead Milkmen, The Cure, Elvis Costello, Joe Jackson* und *Jonathan Richman and the Modern Lovers* in Endlosschleife. Falls es lieber *U2* sein soll, greif unbedingt zu etwas Düsterem mit Texten über soziale Verantwortung – *War* zum Beispiel.

Verbring den Sonntagnachmittag damit, dir Wiederholungen von *Polizeirevier Hill Street, Matlock, Miami Vice* oder *Das A-Team* anzusehen.

Grab deine alten Shirts von *U2, Prefab Sprout* und *Fugazi* wieder aus.

Sussex, Devonshire und London

Verstand und Gefühl von Jane Austen (1811)

Bist du gelangweilt von einem Leben ohne Fesseln und ein unverbesserlicher Romantiker? Oder sehnst du dich danach, endlich deinem Seelenverwandten zu begegnen und sesshaft zu werden? Dann bereise gemeinsam mit den Dashwood-Schwestern zu Beginn des 19. Jahrhunderts den Süden Englands und such dir einen Ehemann oder eine Ehefrau.

Nach Jahrzehnten in Norland Park, einem Herrenhaus, das den Mittelpunkt eines ausgedehnten Landbesitzes bildet, sehen sich Mrs Dashwood und ihre drei Töchter gezwungen, nach Devonshire zu gehen, wo sie unter äußerst zweckmäßigen Bedingungen ein kleines Haus beziehen. Dieses gehört Sir John, einem angesehenen Verwandten und Besitzer wertvoller Ländereien. Dank seiner Großzügigkeit lebt die Familie Dashwood – bestehend aus der freundlichen, vierzigjährigen Witwe, Elinor und Marianne, zwei jungen Damen im heiratsfähigen Alter, und der dreizehnjährigen Margaret – würdevoll in dem gemütlichen Cottage. Große Ausgaben können sie sich allerdings nicht erlauben! Auf dem gleichen Grundstück liegt das elegante Herrenhaus ihrer wohltätigen Verwandten Sir John und Lady Middleton.

Seither empfangen die älteren Schwestern Dashwood in ihrem bescheidenen Zuhause Verehrer aus der ganzen Grafschaft. Im Winter hingegen reisen sie und kommen dabei ihren zahlreichen sozialen Verpflichtungen nach.

Das soziale Leben in Barton Valley

In Devonshire kannst du die heiratsfähigen Damen bei ihren langen Waldspaziergängen und vergnüglichen Tanzabenden begleiten! Mrs Dashwood liebt es, Gäste zu empfangen, und wird daher nicht zögern, wohlerzogene junge Menschen bei sich aufzunehmen, die das England der Georgianischen Epoche erkunden wollen. Der Weg zu ihrem Haus führt dich von Barton Valley – einer blühenden und fruchtbaren Gegend, reich an Bäumen und Weideland – über die stattlichen Hügel mit ihren bebauten und bewaldeten Hängen, auf denen sich das Dorf Barton erhebt, bis hin zu dem Cottage der gastfreundlichen Witwe. Aber auch wenn das Haus sehr solide ist – es handelt sich um einen regelmäßigen, ein wenig unscheinbaren Bau –, erlauben es die zehntausend Pfund aus dem Erbe der Familie Dashwood weder die Dachziegel zu reparieren, noch die Fensterläden grün zu streichen.

Das Innere des Hauses wird durch einen schmalen Korridor unterteilt, zu dessen Seiten je ein Wohnzimmer von ungefähr sechzehn Fuß im Quadrat liegt, hinter denen sich die Wirtschaftsräume befinden. Du wirst in einem der vier Schlafzimmer im Obergeschoss untergebracht, die zusammen mit den beiden Dachzimmern den Rest des bescheidenen Hauses bilden.

Nachdem du dich in deinem neuen Zuhause eingerichtet hast, präsentierst du dich der Gesellschaft von Barton Park, einem herrlichen Wohnhaus, in dem üppige Dinner und private Hausbälle für etwa acht Paare – mit zwei Violinen und einem kalten Imbiss – veranstaltet werden. Während dieser Abende kannst du deinen Verehrern dabei lauschen, wie sie am Klavier stehend gefühlvoll und enthusiastisch aus den Gedichten von William Cowper vorlesen, oder den Herren bei ihren Gesprächen über Landzukäufe und das Zureiten von Pferden zuhören.

Wenn du während der Sommermonate ins 19. Jahrhundert kommst, kannst du in der Umgebung des Herrenhauses an Picknicken mit Schinken und gebratenem Hühnchen teilnehmen, auf den Ländereien der Middletons auf die Jagd gehen oder auf der Suche nach liebenswürdigen Junggesellen im gewundenen Tal von Allenham, etwa anderthalb Meilen vom Haus entfernt, Spaziergänge unternehmen.

Nutze die regenfreien Tage für Ausflüge an die Küste oder Fahrten in einer offenen Kutsche zur Villa Whitwell (in nur zwölf Meilen Entfernung), wo du dich an einer romantischen Flussfahrt erfreuen kannst.

Erweitere deinen Horizont in London

Die jungen Leute aus Devonshire sind nicht ganz nach deinem Geschmack? Wie wäre es dann mit einem Winter in London? Dort versammeln sich während der kalten Monate Junggesellen aus der ganzen Grafschaft – wie Mr Willoughby aus Combe Magna in Somersetshire oder Mr Edwards aus London und Oxford –, um an prachtvollen Bällen und musikalischen Soireen (mit Klavieren, Violoncellos und Harfen!) teilzunehmen, an einem prächtigen Kamin sitzend Karten zu spielen oder an sonnigen Tagen durch Kensington Gardens zu schlendern. Wenn du vorhast, ein paar Wochen zu bleiben, richte dich im herrlichen Haus von Mrs Jennings in der Berkeley Street ein. Ihr exquisiter Salon ist immer voll von Verehrern und Freunden – die in der Conduit Street, Harley Street und in Bartlett's Buildings untergebracht sind –, denn dort werden angeregte Gespräche bei altem Konstantiawein und kandierten Kirschen geboten. Nutze deinen Aufenthalt in der Stadt auch zu einem Einkauf: In der Bond Street wird dich die Auslage an schönen, teuren und neuartigen Gegenständen in Staunen versetzen, und beim Juwelier Gray in der Sackville Street kannst du altmodische Schmuckstücke verkaufen oder Zahnstocher-Etuis aus Elfenbein, Gold und Perlen erwerben.

Wenn du das Glück hast, dich mit einem reichen Erben aus Dorsetshire zu verloben, kannst du dich in Delaford niederlassen, einem gemütlichen Landgut mit allem Luxus und Komfort, umgeben von einem großen Gemüsegarten, mit einem Taubenschlag, einer alten Eibe, Fischteichen und einem schönen, künstlichen Bach.

Niemand macht dir einen Heiratsantrag, und die Hektik der Stadt ist auch nichts für dich? Dann findest du nur wenige Meilen von Bristol entfernt Ruhe in dem modernen Haus Cleveland, das von Fichten, Ebereschen, Akazien und alten lombardischen Pappeln umgeben ist. In seinem Inneren gibt es auch eine reizende Bibliothek und einen Billardtisch!

Schon gewusst?

Jane Austen schrieb die erste Version dieses Romans als Briefroman unter dem Titel *Elinor and Marianne*.

Obwohl das Werk bis 1811 unveröffentlicht blieb, entwarf Austen diese erste Rohfassung mit gerade einmal neunzehn Jahren.

Die erste Ausgabe von *Sense and Sensibility* (Sinn und Sinnlichkeit) erschien ausschließlich mit dem Verfasserhinweis *»by a lady«* (von einer Dame).

Auch wenn ihre Werke von den Dramen der Ehe handeln, war Austen selbst nie verheiratet.